# Vegane
## Familienküche

# Inhalt

## Die Autoren

Die in der Schweiz lebenden Autoren Annette und Marco Bruhin experimentieren begeistert mit pflanzlichen Lebensmitteln. Neben ihren Berufen als Töpferin, Klangtherapeutin und Grundschullehrer geben sie mit Freude vegane Kochkurse und bekochen Freunde und Familie. Dabei übernimmt ihr Sohn Noah die Rolle des strengen Kritikers. Schnell wurde den beiden dadurch klar, wie man es anstellt, Kinder für die pflanzenbasierte Küche zu begeistern. Wie genau, das zeigen die Autoren in diesem Buch.

# Vorwort

Der veganen Familienküche von Annette und Marco Bruhin ein Vorwort vorauszuschicken, freut mich sehr. Zum einen, weil beide vor Jahren in meinen Seminaren auf „Peace-Food" und damit pflanzlich-vollwertige Kost aufmerksam wurden. Zum anderen, weil sie ein ideales Gespann dafür sind, eine kleine Familie, die sich gemeinsam die vegane Welt kochend und kostend erobert hat. Drittens, weil ich ihre Entwicklung zu veganen Köchen miterleben durfte, und sie sich obendrein in der Zusammenarbeit bei einem meiner „Peace-Food"-Kochbücher bewährten.

Das persönliche Loslassen von Symptomen, aber auch das Gesunden von Ernährungsumsteigern in ihrem Umfeld hat sie dabei weiter beflügelt. Die vegane Welle, die – von „Peace-Food" mit ausgelöst – inzwischen längst zum Trend geworden und gerade dabei ist, zum neuen Lebensstil zu werden, wird natürlich von Fleisch-und Milchwirtschaft bekämpft. Eine der letzten umkämpften Bastionen war das Essen der Kinder. Inzwischen ist aber auch hier von der weltweit größten Ernährungsorganisation, der ADA (American Dietetic Association), klargestellt: Ausgewogene vegane Ernährung ist in jedem Lebensstadium empfehlenswert, also auch in der Kindheit, Schwangerschaft und Stillzeit. Es gibt wissenschaftliche Studien, die belegen, wieviel gesünder Muttermilch veganer Mütter ist, weil sie deutlich weniger Schadstoffe und Gifte enthält. Mit einer von Anfang an veganen Ernährung minimiert man für seine Kinder obendrein das Risiko, an Diabetes I und vielen anderen Zivilisationsleiden zu erkranken. Insofern muss ich als Arzt „vegan" sowieso jedem empfehlen.

Da es ausgebildete Profi-Köche im veganen Bereich kaum gibt, ist die neue Bewegung mehrheitlich von engagierten Laien getragen. Annette und Marco sind hier für mich ein Glücksfall: weil sie so früh begonnen haben, durch ihre Kochkursteilnehmer so ausgezeichnete Feedback-Möglichkeiten haben und von ihrer persönlichen Situation her prädestiniert sind, dieses einzigartige vegane Familien-Kochbuch zu dieser wundervollen Entwicklung beizusteuern. Ich wünsche diesem Buch den verdienten Erfolg.

Dr. med. Ruediger Dahlke (www.dahlke.at)
TamanGa, Frühjahr 2015

# Einleitung

# Vegan
## für die ganze Familie

### *Eine Einleitung von Annette und Marco Bruhin*

Es gibt viele Gründe, die dafür sprechen, sich und seine Familie vegan zu ernähren oder zumindest immer häufiger auf tierliche Produkte zu verzichten. Seien sie gesundheitlicher, ökologischer, humaner, ethischer oder tierschützerischer Natur, sie führen doch alle zu derselben Erkenntnis: Je tiefer man sich mit der Thematik beschäftigt, desto klarer wird einem, dass man nur zwei Möglichkeiten hat: Entweder Augen und Herz zu verschließen oder sich für die friedvolle, rein pflanzliche Ernährungsform zu entscheiden.

In unseren Kochkursen haben wir die zum Teil tief in Erziehung und Medien verankerten und von der Fleisch- und Milchindustrie geschürten Vorurteile, Ängste und Sorgen in Bezug auf die rein pflanzliche Ernährung kennengelernt. Und aus den eigenen Erfahrungen und der Begleitung ehemaliger Kursteilnehmer in die vegane Zukunft haben wir die daraus resultierenden Chancen und Gewinne (mit)erleben dürfen. Einmal im veganen Leben angekommen, fühlen sich die meisten zusehends leichter und spätestens nach ein paar Wochen ist für viele eine Rückkehr

in die alten Essgewohnheiten unvorstellbar. Das entlastete Gewissen, die bestens funktionierende Verdauung und das gestiegene Wohlbefinden sind der persönliche Lohn für die Rettung vieler Tiere und den Beitrag an unsere Umwelt.

Die aufgeschlossene Auseinandersetzung mit dem Thema Ernährung sollte ein zentrales Anliegen eines jeden einzelnen sein und bei Eltern selbstverständlich das Wohl der Kinder mit einschließen. Unser Essen liefert die Bausteine für unseren Körper, daher sollte eine gesunde Ernährung doch eine weit größere Rolle spielen, als das jetzt bei vielen der Fall ist. Wir empfehlen, wann immer möglich, auf lebendige – also nicht verarbeitete – und biologisch erzeugte Lebensmittel zurückzugreifen. Bei der veganen Kost vermeidet man zudem mit Freude die häufig in tierlichen Produkten enthaltenen Hormone und Antibiotika, mit denen viele Tiere in Mastbetrieben vollgepumpt werden.

Wir dürfen bei vielen Menschen miterleben, wie es „Klick" macht, wenn sie erst einmal anfangen, sich mit der Herkunft und der Qualität ihrer Nahrung zu beschäftigen. Das führt oft dazu, dass die Umstellung auf veganes Essen viel leichter fällt und neue Lebensmittel nicht nur ihren Speiseplan, sondern auch ihren Horizont erweitern.

## „Wenn Schlachthäuser Glaswände hätten, würde wohl kaum jemand mehr Fleisch essen." (Sir Paul Mc Cartney)

Erklärt man seinen Kindern offen und ehrlich den Zusammenhang vom Verzehr tierlicher Produkte und dem Leid und den Schmerzen der unzähligen „AusNutztiere", wollen diese zumeist unbedingt ihren Beitrag zum Wohl ihrer oft heiß geliebten Mitgeschöpfe leisten. Welches Kind möchte sich schon vorstellen, wie einer schreienden Kuhmutter ihr neugeborenes Kalb weggenommen wird, nur damit es seine Frühstücksmilch bekommen kann? Das fühlende Individuum in Form von Nutztieren für die Fleisch- und Milchprodukte-Produktion ist in unserer Gesellschaft fast ungesehen zu einer Produktionseinheit verkommen.

Doch es gibt einen Ausweg. Heute wissen wir, durch große Studien belegt, dass eine ausgewogene und sorgfältig zusammengestellte vegane Ernährung für sämtliche Altersstufen nicht nur geeignet, sondern sogar ausgesprochen gesund ist. Dies gilt auch für Kinder. Denn erst einmal abgestillt besteht kein Grund mehr, Babynahrung einer anderen Spezies zu sich zu nehmen. Es ist natürlich selbstverständlich, ein besonders großes Augenmerk auf die richtige Gestaltung des Speiseplanes unserer Kinder zu legen (mehr dazu finden Sie im folgenden Abschnitt). Hierbei müssen die Eltern ihre wichtige Verantwortung ernst nehmen, damit die Zeit der unzähligen übergewichtigen Kinder schnell ein Ende findet.

Wir leben in Europa, einem privilegierten Teil der Welt, und können unseren Luxus auch zum Wohl der Tiere und unserer Ressourcen einsetzen. Wir haben die Wahl. Lebewesen sollen leben, zumal es so viele leckere Alternativen gibt. Unser Wohlbefinden wird es uns danken, das Körperbewusstsein sich heben und so manches kleine „Zipperlein" verschwinden.

Hierzu gäbe es noch viel zu sagen, doch wollen wir nun zum Hauptinhalt dieses Buches kommen, einer ausgewogenen, schmackhaften Ernährung für die ganze Familie. Hierbei sind vor allem die Eltern gefordert, nicht nur in der Küche, sondern auch als Vorbilder. Denn wer schon mit Sorge und Unbehagen an neue Gerichte und Lebensmittel herangeht, überträgt diese Gefühle nur allzu leicht auf seine Kinder. Ein positives Vorleben und freudiges Probieren sind die besten Wege, die Kinder zu überzeugen.

Geben Sie sich und Ihren Lieben Zeit, sich an die womöglich neuen Gerüche und ungewohnten Geschmäcker zu gewöhnen. Der Abschied von allen tierlichen Produkten mag nicht immer ganz leicht fallen; das kann auch daran liegen, dass viele der tierlichen und auch der industriell gefertigten Produkte unser archaisches Überlebensbedürfnis befriedigen, möglichst schnell möglichst viele Kalorien aufzunehmen. Der erste Schritt ist, diese in uns schlummernden Muster zu erkennen, dann werden Sie sie auch bald hinter sich lassen können.

Mit unserer veganen Familienküche möchten wir Sie und Ihre Lieben begleiten in eine farbenprächtige, ausgewogene und geschmacklich inspirierende Zukunft.

## Vitamine und Nährstoffe – gut versorgt

Die vegane Kost bietet genügend pflanzliche Quellen, mit denen die von der Milch- und Fleischindustrie geschürten Ängste vor Mangelerscheinungen vermieden werden können. Es ist für Sie und Ihre Kinder besonders wichtig, diese regelmäßig und in ausreichenden Mengen auf den Tisch zu bringen. Die nachfolgende Auflistung zeigt, dass man jeder Art von Unterversorgung leicht vorbeugen kann. Trotzdem empfehlen wir, falls Sie Ihr Kind vegan ernähren, die Blutwerte regelmäßig vom Arzt testen zu lassen.

in der Muttermilch entspricht. Bei einer abwechslungsreichen Ernährung mit pflanzlicher Kost ist es also kaum möglich, Eiweißmangel zu entwickeln.

**Kalzium:** Dunkelgrünes Gemüse, Hülsenfrüchte, Pseudogetreide, diverse Samen (Sesam, Leinsamen), Trockenfrüchte, Nüsse, Tofu, Sojadrinks und natürlich kalziumreiche Mineralwasser-Sorten bedienen uns mit dem Mineralstoff. Deshalb sollten die oben genannten Lebensmittel besonders häufig auf den Teller kommen. Zur besseren Aufnahme von Kalzium dient Vitamin D. Vereinfacht gesagt ist Vitamin D das Transportmittel, das Kalzium in die Knochen bringt. Daher sollten Sie auf eine ausreichende Zufuhr von Vitamin D achten (siehe unten).

**Jod:** Die regelmäßige Verwendung von jodiertem Speisesalz reicht aus, um den Bedarf zu decken. Steinsalz und Ursalz enthalten natürliches Jod.

**Vitamin B2:** Es ist reichlich in Spargel, Brokkoli, Avocado, Bananen, Bohnen, Erbsen, Feigen, Hefeflocken, Hülsenfrüchten, Kartoffeln, Kohl, Nüssen, Pilzen, Tofu, Vollkornprodukten und Weizenkeimen enthalten.

**Vitamin D:** Es wird in unserem Körper selbst gebildet, wenn Sonnenlicht auf die Haut fällt – in ausreichendem Maß jedoch nur während der hellen Jahreszeit. Vitamin D ist allerdings auch in angereicherten Lebensmitteln nicht in ausreichender Menge für eine genügende Versorgung vorhanden. Im Winter empfehlen wir deshalb für alle in

**Eisen:** Eisenlieferanten sind in der Pflanzenwelt genügend vorhanden. Wir können unseren Bedarf problemlos mit Hülsenfrüchten, Trockenfrüchten, Vollkorngetreide, Pseudogetreide (Amaranth und Quinoa), grünem Gemüse wie Spinat, Wirsing und Grünkohl, Samen (z.B. Kürbiskernen, Sesam) und Nüssen sowie mit Pfirsichen und Bananen decken. Wer die Eisenaufnahme fördern möchte, sollte darauf achten, eisenhaltige Lebensmittel zusammen mit Vitamin C (Paprika, Orangensaft), fermentierten Produkten wie Miso oder Tempeh, säurehaltigen Lebensmitteln oder schwefelhaltigen Aminosäuren (enthalten z.B. in Sonnenblumenkernen, Vollkornmehl, Sojabohnen, Erbsen) aufzunehmen, also am besten zu jeder eisenhaltigen Mahlzeit etwas Vitamin C zu sich nehmen.

**Eiweiß:** Mit Tofu und Hülsenfrüchten wie Erbsen oder Bohnen bekommt der Körper alles, was er braucht. Sojabohnen und Lupinen enthalten sogar noch mehr Eiweiß als Fleisch in günstiger Zusammensetzung.
Im Übrigen gibt es kaum ein naturbelassenes Lebensmittel, das nicht zwischen ein und zwei Prozent Eiweiß enthält, was dem Anteil

den nördlichen Breitengraden lebenden Menschen eine Substitution. Auch darum, weil Vitamin D für den Kalziumhaushalt im Körper eine sehr wichtige Rolle spielt.

**Vitamin B12:** ein Sonderfall. Es wird vor allem von Mikroorganismen hergestellt, die im Verdauungstrakt oder auf der Oberfläche von ungewaschener Nahrung vorkommen. Genaugenommen kann es von Mikroorganismen im eigenen Dickdarm zwar produziert, doch nicht über die Dickdarmwand resorbiert werden. Da wir heute unsere Nahrung sehr gründlich waschen, fällt diese Quelle für uns weg. Ein voller Vitamin-B12-Speicher hält sich über mehrere Jahre. Wer Mangelerscheinungen – die sich deshalb oft erst nach Jahren zeigen – von Anfang an ausschließen will, nimmt auf Empfehlung diverser vegetarischer Gesellschaften und Ärzte gelegentlich Vitamin-B12-Tabletten. Es gibt auch eine Vitamin-B12-haltige Zahnpasta speziell für Veganer. Veganen Fertigprodukten wird zudem oftmals Vitamin B12 beigefügt.
Da der Vitamin-B12-Mangel in allen Ernährungsformen ein weit verbreiteter Mangel ist, empfiehlt sich eine gelegentliche Kontrolle der Blutwerte.

## Vegane Alternativen zu herkömmlichen Produkten

Die vegane Küche bietet vielfältigste Möglichkeiten und meist wird man keine der herkömmlichen, nicht-veganen Zutaten vermissen. Um altbekannte Gerichte zu veganisieren, gibt es eine wachsende Palette an Ersatzprodukten. Die entsprechenden veganen Produkte stellen wir hier kurz vor.

### Milch
Es gibt diverse cholesterinfreie Alternativen zu Kuhmilch: Drinks aus Reis, Mandeln, Soja, Hafer, Dinkel, Kokosnuss, Hanf oder Haselnuss. Reisdrink hat einen milden, eher süßlichen Geschmack, Mandeldrink enthält ungesättigte Fettsäuren und ein feines Mandelaroma und Sojadrink ist reich an Eiweiß und universell einsetzbar.
Viele dieser tollen Milchalternativen gibt es in verschiedenen Geschmacksrichtungen von Natur über Vanille bis Frucht – probieren Sie sie aus. Allen Milchalternativen gemein ist, dass man sie 1:1 wie Kuhmilch verwenden kann.
Tipp: Mandel- bzw. Haselnussdrink kann man sich auch aus Mandel- bzw. Haselnussmus und Wasser selbst anrühren.

## Sahne

Anstelle von Sahne können Sojasahne, Sojaschlagsahne, Reissahne, Reisschlagsahne, Kokossahne, Dinkelsahne, Hafersahne oder Mandelmus verwendet werden. Im Handel findet man sie unter dem Namen „Sojadream", „Soya cuisine", „Hafer cuisine" usw. Mittlerweile gibt es auch Sojasahne-Produkte, die wie Sahne aufgeschlagen werden können und auch bereits sprühfertige Sojasahne in Dosen.

Sojasahne bleibt beim Kochen weiß, die anderen werden bräunlich oder leicht durchsichtig.

„Hafer cuisine" ist ein toller pflanzlicher Sahneersatz, da er nicht so leicht ausflockt. Mit seinem nussigen Geschmack eignet er sich ausgezeichnet für Suppen und Saucen.

Eine Rahmsauce lässt sich zudem wunderbar mit Mandelmus andicken. Dazu einfach Mandelmus mit Wasser verrühren und würzen. Sobald es warm wird, dickt das Mandelmus wieder ein.

## Crème fraîche und Schmand

Entweder wird Seidentofu püriert oder es werden Sojajoghurt oder dickflüssige Versionen von Sojasahne und Sojacreme verwendet.

## Joghurt

Veganer Joghurt (auf Soja- oder Kokosbasis) wird aus fermentierter Sojamilch oder Kokosmilch gewonnen. Es gibt ihn mittlerweile in vielen verschiedenen Geschmacksrichtungen und selbstverständlich auch Natur. Achten Sie auch bei Natur-Sojajoghurt darauf, ob Sie gesüßten oder ungesüßten benötigen; häufig ist der Natur-Sojajoghurt nämlich bereits gesüßt.

## Quark

Quark kann durch pürierten Seidentofu ersetzt werden, er eignet sich gut für diverse Desserts, z. B. Tiramisu.

Sojaquark lässt sich ganz einfach selbst herstellen: Sojajoghurt über Nacht in einem engmaschigen, feinen Tuch aufhängen oder in ein Sieb legen und abtropfen lassen. So erhält man eine feste, quarkähnliche Masse.

## Käse

Es gibt mittlerweile zahlreiche Sorten im Handel und so findet man Produkte, die geschmacklich Emmentaler, Gouda, Blauschimmel oder Parmesan kopieren. Für viele Rezepte eignen sich zum Aromatisieren und Verfeinern aber auch Hefeflocken. Sie sind reich an B-Vitaminen, machen die Gerichte cremiger und verleihen ihnen einen käseähnlichen Geschmack.

Tipp: Wenn Sie etwas Überbackenes machen möchten – nicht alle Produkte schmelzen. Informieren Sie sich auf der Produktverpackung.

## Butter

Statt Butter wird Margarine verwendet. Doch Achtung: Nicht jede Margarine ist wirklich rein pflanzlich. Manche Sorten enthalten zum Beispiel Joghurt. Einen leckeren Buttergeschmack hat „Alsan". Statt Butter kann manchmal auch Cashew- oder Mandelmus verwendet werden. Zum Kochen eignet sich natürlich oft auch Öl. Im Handel gibt es mittlerweile auch Rapsöle mit Buttergeschmack.

## Ei-Ersatz

Je nach Gericht oder Gebäck gibt es hier viele Alternativen:

- Spezielles Ei-Ersatzpulver besteht aus einer Mischung verschiedener veganer Bindemittel, darunter hauptsächlich Kartoffelstärke und Tapiokamehl oder Lupinenmehl. Es wird mit Wasser zu einer steifen Masse angerührt. Man erhält es in Bioläden, Reformhäusern und gut sortierten Supermärkten. Es gibt sogar Produkte, aus denen sich ein veganes Spiegelei braten lässt.
- Benötigt man die bindenden Eigenschaften von Eiern, helfen Stärkemehl, Sojamehl, Guarkernmehl oder Semmelbrösel. Vollfettes Sojamehl oder Stärkemehl eignen sich zum Binden für Kuchen und Gebäck und werden wie Ei-Ersatzpulver verwendet. Vollfettes Sojamehl hat einen charakteristischen Eigengeschmack, der durchschmecken kann. Wer ihn nicht mag, steigt besser auf Stärkemehl oder Ei-Ersatzpulver um. Ein gestrichener Esslöffel ersetzt ein Ei.
- Auch reife, weiche Bananen sind zum Binden geeignet, wenn sie geschmacklich zum Rezept passen. Eine halbe Banane hat die Bindungsfähigkeit eines Eis und wird zerdrückt in den Teig gerührt. Zum Backen von feuchten Teigen und Muffins eignet sich auch Apfelmus, das sich geschmacklich nur wenig auf das Gebäck auswirkt, denn der Apfelgeschmack verflüchtigt sich durch das Backen größtenteils. Etwa 80 Gramm entsprechen einem Ei.
- Gemahlener Leinsamen verleiht vor allem schweren Teigen und Vollkorngebäck gute Bindung. Ein bis zwei Esslöffel gemahlener Leinsamen mit einem Esslöffel Wasser verrührt (etwas quellen lassen) ersetzen die Bindungsfähigkeit von einem Ei.
- Kohlensäurehaltiges Mineralwasser, das man zum Schluss vorsichtig in den Teig rührt, lockert ihn ebenfalls.

Tipp: Verlangt ein Backrezept bloß ein Ei, so kann man es meist einfach weglassen.

## Honig

Hier stehen als Alternativen Agavendicksaft, Reissirup oder Ahornsirup bereit.

## Gelatine

Gelatine wird durch Agar Agar ersetzt. Die benötigte Menge variiert je nach Produkt stark, daher unbedingt die Gebrauchsanweisung lesen.

## Pudding

Für Puddingpulver zum Kochen kann man Sojadrink anstelle von Milch verwenden; außerdem gibt es diverse Fertigprodukte auf Soja-, Mandel- und Reisbasis.

## Süßigkeiten

Mit dem Vegansiegel gekennzeichnete Gummibärchen sind frei von Gelatine und potenziell nicht veganen Farbstoffen. Marzipan (ungefärbt), Fruchtschnitten und Halva sind von Natur aus vegan. Manche Sorten Zartbitterschokolade enthalten ebenfalls keine tierischen Zusätze. Anders sieht es mit allen Vollmilch-Sorten aus. Diese enthalten natürlich Milchpulver. Doch auch hier gibt es mittlerweile veganen Ersatz und man findet in jedem Bio-Laden ein breites Angebot.

## Pflanzlicher Fleischersatz

### Tofu

Bei Tofu handelt es sich um entwässerten und gepressten Sojabohnenteig. Die gängigsten Sorten sind Seidentofu, fester Tofu und geräucherter Tofu. Seidentofu hat den höchsten Wasseranteil und ist von weicher, puddingähnlicher Konsistenz. Er punktet fabelhaft in Desserts, Suppen und Saucen oder als Ersatz für Eier. Fester Tofu hat bereits deutlich mehr Dichte und kann in Scheiben oder Würfel geschnitten werden. Geräucherter Tofu ist ebenfalls von schnittfester Konsistenz. Während alle anderen Tofusorten relativ geschmacksneutral sind, hat Räuchertofu ein angenehmes Räucheraroma und ist die perfekte Alternative für Speck.

Tipp: Tofu für „Hackfleisch" zuerst kross anbraten, dann erst die Zwiebeln hinzufügen, sonst bleibt der Tofu weich.

### Seitan

Seitan stammt aus dem asiatischen Raum und besteht aus Weizen- oder Dinkeleiweiß. Es ist universell einsetzbar sowie fett- und cholesterinfrei. Zudem überzeugt es viele durch seine fleischähnliche Konsistenz und enthält essenzielle Aminosäuren, Spurenelemente und Mineralien. Es wird für Würstchen, Schnitzel und Geschnetzeltes verwendet.

### Sojaschnetzel

Sojaschnetzel werden aus entfettetem Sojamehl hergestellt, sind reich an Eiweiß und enthalten wenig Fett. Die trockenen Schnetzel werden vor dem eigentlichen Kochvorgang in heißem Salzwasser oder Gemüsebrühe ein-

geweicht, danach abgespült, ausgedrückt und weiter verarbeitet. Es gibt sie in den verschiedensten Variationen.

### Tempeh

Bei Tempeh handelt es sich um ein fermentiertes Produkt aus Sojabohnen von fester, aber zarter Konsistenz, das sich vielfältig einsetzen lässt. Es ist aufgrund seiner Herstellungsweise besonders nährstoffreich.

### Lupinenprodukte

Lupinenprodukte auf der Basis von Lupinensamen gibt es ebenfalls bereits in verschiedensten Variationen, z.B. als Würstchen, Schnitzel oder Aufstrich. Lupineneiweiß enthält alle acht essentiellen Aminosäuren, die der Mensch benötigt.

### Fisch und Meeresfrüchte

Es gibt alternative Fertigprodukte im Handel, die z.B. aus Soja und/oder Weizeneiweiß hergestellt sind.

*Viel Freude und gutes Gelingen wünschen Annette und Marco Bruhin.*

# Start in den Tag

# Schoko-Bananen-Pancakes

## Für 4 Portionen

### Für die Pancakes

300 g Vollkorn-Dinkelmehl
(wenn möglich frisch gemahlen)

4 Tl Weinsteinbackpulver

600 ml Vanille-Reismilch

4 Tl ungesüßtes Kakaopulver

2 El Agavendicksaft (oder Rohrzucker)

1 Prise Salz

6 reife Bananen

Sonnenblumenöl zum Braten

### Für Vanillecreme und Früchte

25 g Maisstärke

500 ml Vanille-Sojamilch

2 El Rohrohrzucker oder Birkenzucker
(Xylit)

500 g Früchte nach Saison
und Geschmack

Ahornsirup zum Beträufeln

Zubereitungszeit: ca. 40 Minuten
Pro Portion ca. 730 kcal/3060 kJ
18 g E · 17 g F · 124 g KH

Mehl, Backpulver, Reismilch, Kakao, Agavendicksaft und Salz mit einem Handmixer oder in der Küchenmaschine verrühren. Die Bananen in Scheibchen schneiden, zugeben und 2 Minuten weiterrühren.

Den Teig in kleinen Portionen in eine leicht eingeölte, beschichtete Pfanne geben. Bei mittlerer Hitze beidseitig je ca. 3 Minuten backen, dann warm stellen. Wenn Sie 2 Pfannen benutzen, geht es doppelt so schnell!

Für die Vanillecreme die Maisstärke gründlich mit 100 ml Vanille-Sojamilch verrühren, es sollen keine Klümpchen mehr vorhanden sein.

Die restlichen 400 ml Vanille-Sojamilch zusammen mit dem Rohrohrzucker oder dem Birkenzucker in einem Topf unter Rühren aufkochen. Sobald die Sojamilch köchelt, die angerührte Maisstärke dazugeben, alles noch einmal aufkochen und ca. 30 Sekunden–1 Minute unter ständigem Rühren köcheln lassen, bis die Sojamilch andickt.

Die heiße Creme in eine Schüssel oder in Förmchen füllen und mit Klarsichtfolie abdecken, damit sich keine Haut bilden kann. Die Creme 2 Stunden lang kühl stellen.

Die Früchte waschen, je nach Sorte schälen und klein schneiden. Die Fruchtstücke auf die Pancakes geben, Ahornsirup darüberträufeln und zuletzt die Vanillecreme darauf verteilen.

## Tipp

Wenn es ganz schnell gehen soll: eine Packung veganen Fertigpudding verwenden. Alternativ zum Pudding schmecken die Pancakes auch ausgezeichnet mit schlagbarer Sojasahne.

# Gesund-und-munter-
# Frühstückstrunk

## Für 4 Portionen

1 Banane

2 Nektarinen oder Äpfel

4 El Sojajoghurt

250 ml Pflanzenmilch nach Wahl
(z. B. Soja-, Reis- oder Mandelmilch)

200 ml Orangensaft

4 El Haselnüsse

4 El Dinkelflocken

3-4 Tl Zitronensaft

2 El Ahornsirup oder Agavendicksaft

Zubereitungszeit: ca. 10 Minuten
Pro Portion ca. 180 kcal/770 kJ
4 g E · 6 g F · 27 g KH

Die Banane schälen und in Stücke schneiden. Nektarinen oder Äpfel waschen, abtrocknen, von Steinen bzw. Kerngehäuse befreien und grob würfeln.

Dann zuerst den Joghurt, die Pflanzenmilch und den Orangensaft in einen Mixer geben. Die restlichen Zutaten dazugeben und 30 Sekunden – 1 Minute auf höchster Stufe laufen lassen.

Der Drink kann auch mit dem Stabmixer gemacht werden, muss dabei aber ca. 2 Minuten gemixt werden. Dann nehmen Sie auch besser bereits gehackte Haselnüsse.

# Flocken-
# Wunderfrühstück

## Für 4 Portionen

300 g Hafer- oder Dinkelflocken

900 ml Vanille-Reismilch

1 El Agavendicksaft

1 Tl gemahlene Vanille

1 Prise Salz

1-2 El Mandelmus

Zubereitungszeit: ca. 10 Minuten
(plus 10-15 Minuten Kochzeit)
Pro Portion ca. 320 kcal/1342 kJ
11 g E · 10 g F · 47 g KH

Die Flocken, die Reismilch, den Agavendicksaft, die Vanille und das Salz in einem Topf vermischen und aufkochen. Auf kleiner Stufe mindestens 10 Minuten unter gelegentlichem Rühren köcheln lassen.

Das Mandelmus hinzufügen und gut unterrühren. Evtl. noch etwas Wasser nachgießen, wenn der Brei zu dickflüssig sein sollte. In diesem Fall nochmals etwas köcheln lassen.

Der Wunderbrei schmeckt warm oder kalt. Dazu oder darauf passen Zimt, Rosinen, verschiedene Früchte oder Konfitüre.

# Birchermüsli
## mit Beeren

Die Dinkelflocken und Sultaninen gemeinsam mindestens 1 Stunde in der Reismilch einweichen. Noch cremiger wird es, wenn die Flocken über Nacht einweichen.

Die Äpfel dazureiben. Die frischen Früchte und Beeren waschen, trocknen, ggfs. schälen und je nach Größe in Stücke schneiden. Die Trockenfrüchte ebenfalls in Stücke schneiden und mit dem frischen Obst zu der Flockenmischung geben. Sojajoghurt, Konfitüre, Zimt und Haselnüsse hinzufügen. Etwas von der Zitronenschale abreiben und den Saft dazupressen.

Alles gut vermengen, auf Schüsselchen verteilen und mit einigen Beeren dekoriert servieren.

### Für 4 Portionen
8 El Dinkelflocken
3 El Sultaninen
150 ml Reismilch
3 Äpfel
frische Früchte, Beeren und Trockenfrüchte nach Geschmack und Saison, Menge ebenfalls nach Geschmack
350 g Sojajoghurt
3-4 El Konfitüre (Geschmack nach Wahl)
1 Tl Zimt
3 El gemahlene Haselnüsse
Saft und Schale von ½ unbehandelten Zitrone

Zubereitungszeit: ca. 30 Minuten
(plus ca. 1 Stunde Einweichzeit)
Pro Portion ca. 260 kcal/1080 kJ
8 g E · 5 g F · 44 g KH

# Dinkel-Weizen-Brot

## Für 12 Scheiben

1 P. Trockenhefe

1 El Agavendicksaft oder Zucker

370 g Weizenmehl und Dinkelmehl
gemischt

1 Tl Salz

optional: 2 ½ Tl Lecitin
(macht den Teig locker)

1 El Rapsöl

1 Tl Zitronensaft oder Essig

Fett und Mehl für die Form

Zubereitungszeit: ca. 15 Minuten
(plus ca. 30 Minuten Geh- und
35-40 Minuten Backzeit)
Pro Scheibe ca. 128 kcal/534 kJ
3 g E · 2 g F · 23 g KH

Die Hefe mit dem Agavendicksaft oder dem Zucker in 300 ml lauwarmem Wasser auflösen und kurz gehen lassen. Eine Kastenform (30 cm) einfetten und mit Mehl bestäuben.

Das Mehl, Salz und Lecitin mischen und in der Mitte eine Mulde formen. Das Öl und den Zitronensaft oder Essig dazugeben und alles zu einem elastischen Teig kneten. (Eine Küchenmaschine ist dabei von Vorteil, da der Teig recht feucht ist.)

Den Teig in die vorbereitete Kastenform füllen und an einem zugfreien Ort etwa 30 Minuten gehen lassen, bis sich sein Volumen verdoppelt hat. Den Backofen auf 180° C Umluft vorheizen.

Das Brot auf der unteren Schiene 35–40 Minuten backen.

# Haselnuss-Schoko-Aufstrich

Die Haselnüsse in einer Pfanne rösten, bis sie zu duften beginnen. Dann abkühlen lassen. Alternativ können auch 70 g gehackte und geröstete Haselnüsse verwendet werden.

Die Haselnüsse mit dem Kokosfett, Kakao, Zucker, Vanillepulver und Salz in den Becher eines Mixers geben und 1 Minute auf höchster Stufe mixen. Abkühlen lassen und diesen Vorgang 3–5 Mal wiederholen, bis die Masse cremig ist. Falls bereits gehackte Haselnüsse verwendet werden, nur 1–2 Mal wiederholen.

Die Masse in ein Glas füllen und im Kühlschrank aufbewahren.

## Für ca. 300 g

70 g Haselnüsse
80 g Kokosfett
30 g ungesüßtes Kakaopulver
120 g Zucker
1 ½ Tl gemahlene Vanille
1 Prise Salz

Zubereitungszeit: ca. 25 Minuten
(plus ca. 20 Minuten Abkühlzeit)
Pro Portion (ca. 30 g) ca. 175 kcal/734 kJ
2 g E · 13 g F · 13 g KH

## Tipp

Nehmen Sie den Aufstrich jeweils ca. 30 Minuten vor dem Essen aus dem Kühlschrank, da die Masse sonst brüchig und schwer streichbar ist.

# Energie-Shake
## mit Datteln

### Für 4 Portionen

600 ml Pflanzenmilch
(Soja-, Hafer- oder Reismilch)
1 Banane
300 g gefrorene entsteinte Datteln
evtl. 1 Tl Matchatee-Pulver
12-15 Eiswürfel

Zubereitungszeit: ca. 5 Minuten
Pro Portion ca. 300 kcal/1260 kJ
2 g E · 3 g F · 59 g KH

200 ml der Pflanzenmilch mit der Banane und den gefrorenen Datteln in einen Mixer geben. Auf höchster Stufe möglichst fein mixen. Nach Belieben noch 1 Tl Matchatee-Pulver hinzufügen.

Die restliche Pflanzenmilch und die Eiswürfel hinzufügen und alles nochmals mindestens 30 Sekunden mixen.

# Rüblikuchen-Shake

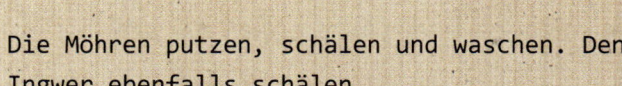

Die Möhren putzen, schälen und waschen. Den Ingwer ebenfalls schälen.

Alle Zutaten in einen Mixer geben und auf der höchsten Stufe ca. 45 Sekunden mixen.

## Für 4 Portionen

1 große oder 2 kleine Möhren

1 Stück frischer Ingwer (ca. 1 cm)

400 ml Reismilch (oder andere Pflanzenmilch nach Geschmack)

5 El Dinkel- oder Haferflocken

1 Tl Vanilleextrakt

1-2 Bananen

1 Tl Zimt

1 Gewürznelke

3 Eiswürfel

2 El Ahornsirup

1-2 El Mandelmus (je nach Geschmack)

Zubereitungszeit: ca. 5 Minuten
Pro Portion ca. 180 kcal/750 kJ
4 g E · 6 g F · 28 g KH

# Pflaumenbrötchen
## mit Marzipan

### Für 10-12 Brötchen

#### Für den Teig
400 g Dinkelmehl

6 g Trockenhefe

1 Tl Salz

2 El Zucker

1 El weiche vegane Margarine oder
Rapsöl mit Buttergeschmack

#### Für die Füllung
300 g Pflaumen oder Zwetschgen

180 g Marzipanrohmasse

#### Für die Glasur
1 Tl Maisstärke

100 ml Sojamilch

1 Tl Vanillezucker

#### Außerdem
Mehl für die Arbeitsfläche

Zubereitungszeit: ca. 25 Minuten
(plus ca. 45 Minuten Zeit zum Gehen
und ca. 25 Minuten Zeit zum Backen)
Pro Stück ca. 240 kcal/1010 kJ
8 g E · 7 g F · 36 g KH

Das Mehl mit Hefe, Salz und Zucker gut vermischen. In die Mitte der Mischung eine Mulde drücken und die Margarine oder das Öl hineingeben. 200 ml lauwarmes Wasser dazugießen und alles zu einem geschmeidigen Teig kneten. Den Teig zugedeckt mindestens 45 Minuten an einem warmen, zugfreien Ort auf die doppelte Größe aufgehen lassen.

In der Zwischenzeit die Pflaumen oder Zwetschgen waschen, entsteinen und in kleine Würfel schneiden. Das Marzipan in kleine Stückchen schneiden.

Den Teig auf einer leicht bemehlten Arbeitsfläche zu einem Rechteck ausrollen. Obstwürfel und Marzipanstücke gleichmäßig darauf verteilen. Dabei am oberen Rand etwa 5 cm frei lassen. Dort den Teig mit etwas Wasser bestreichen. Das Teigrechteck von unten her aufrollen, mit dem freigelassenen Stück Teig oben verschließen. Die Rolle in etwa 3 cm dicke Scheiben schneiden. Die Scheiben auf ein mit Backpapier ausgelegtes Backblech legen und zugedeckt nochmals 20 Minuten gehen lassen.

Den Backofen auf 200 °C Umluft vorheizen. Die Pflaumenbrötchen in den Ofen schieben und die Temperatur auf 160 °C reduzieren. 20 Minuten backen.

Für die Glasur die Maisstärke in der Sojamilch auflösen, den Vanillezucker hineinrühren. Die heißen Brötchen sofort mit der Mischung bestreichen und nochmals 5 Minuten backen.

# Salate, Snacks & Suppen

# Avocado-Tomaten-Salat

## Für 4 Portionen

### Für das Dressing

2 kleine Zwiebeln

100 ml Rotweinessig

100 ml Olivenöl

1 ½ Tl Salz

½ Tl Pfeffer

### Für den Salat

2 El Pinienkerne

2 Avocados

1 El Zitronensaft

4 Tomaten

1 kleine rote Zwiebel

6 Radieschen

½ Bund frisches Basilikum

Zubereitungszeit: ca. 20 Minuten
(plus ca. 20 Minuten Ruhezeit)
Pro Portion ca. 340 kcal/1430 kJ
3 g E · 34 g F · 6 g KH

Für das Dressing die Zwiebeln schälen, grob hacken und mit dem Essig in einem Mixer auf kleiner Stufe oder mit einem Stabmixer pürieren.

Wenn ein Mixer vorhanden ist, auf kleiner Stufe das Öl allmählich dazugießen, dann mit Salz und Pfeffer würzen. Ohne Mixer die Zwiebelmischung in eine Schüssel geben, das Öl allmählich dazugießen und unterrühren. Salzen und pfeffern.

Für den Salat die Pinienkerne in einer beschichteten Pfanne ohne Öl golden rösten, dann beiseitestellen.

Die Avocados schälen, entsteinen und in Scheiben schneiden. Mit dem Zitronensaft beträufeln, damit die Avocado nicht braun wird. Die Tomaten waschen, trocknen und in grobe Stücke schneiden. Die Zwiebel abziehen, halbieren und in feine Ringe schneiden. Die Radieschen putzen, waschen und in feine Scheiben schneiden.

Tomaten, Zwiebel und Radieschen zu den Avocados geben und mit der Vinaigrette mischen. Wenn möglich 20 Minuten ziehen lassen. Das Basilikum waschen, trocknen und in feine Streifen schneiden.

Den Avocado-Tomaten-Salat mit den gerösteten Pinienkernen und Basilikum bestreut servieren.

# Bunter Salat
## mit Tausend-Inseln-Sauce

### Für 4 Portionen

#### Für das Dressing
2 kleine Zwiebeln
2 Essiggurken
4 El vegane Mayonnaise (siehe S. 37)
4 El Ketchup
2 Tl Apfeldicksaft
Salz
Pfeffer

#### Für den Salat
je 2 rote und gelbe Paprikaschoten
12 Tomaten
2 Gurken
½ Kopf Eisbergsalat
1 reife Avocado
60 g Cashewkerne

Zubereitungszeit: ca. 20 Minuten
Pro Portion ca. 380 kcal/1590 kJ
10 g E · 25 g F · 28 g KH

Für das Dressing die Zwiebeln abziehen und sehr fein hacken. Die Essiggurken ebenfalls ganz fein hacken. Mit der veganen Mayonnaise, dem Ketchup und dem Apfeldicksaft vermengen. Mit Salz und Pfeffer abschmecken.

Die Paprikaschoten längs halbieren, putzen und innen und außen waschen. Die Tomaten, die Gurke und den Salat ebenfalls waschen. Den Salat trocken schleudern und in Stücke zupfen, das Gemüse abtrocknen und in Würfelchen schneiden. Alles gründlich mit der Salatsauce vermengen. Die Avocado schälen, in Stücke schneiden und zuletzt vorsichtig unterheben. Die Cashewkerne in einer Pfanne ohne Fett rösten und den Salat damit bestreuen.

# Mandel-Mayonnaise

Das Öl zusammen mit dem Eis, Senf, Essig und Mandelmus in einen schmalen, hohen Mixbecher geben. 1 Minute mixen und mit Salz und Pfeffer abschmecken.

## Für ca. 350 g

200 ml Sonnenblumenöl

100 g zerstoßenes Eis

1 Tl Senf

1 El Essig

2 El Mandelmus

Salz

weißer Pfeffer

Zubereitungszeit: ca. 5 Minuten
Pro 100 g ca. 546 kcal/2277 kJ
1 g E · 60 g F · 1 g KH

# Grüner Salat
## mit Ranch-Dressing

Für das Dressing alle Zutaten in eine Schüssel geben und mit dem Schneebesen gut vermischen.

Die Salate putzen und in mundgerechte Stücke schneiden oder reißen. Danach waschen und trocken schleudern.

Die Frühlingszwiebeln waschen und in feine Ringe schneiden. Zu den Salaten geben und alles mit dem Ranch-Dressing vermengen.

Den Salat mit den Kressesprossen garniert servieren.

### Für 4 Portionen
#### Für das Dressing
100 g vegane Mayonnaise
(siehe S. 37)
1 Prise Knoblauchpulver
1 Prise Zwiebelpulver
1 Prise Salz
¼ Tl Pfeffer
1 El fein gehackte krause Petersilie
100 ml Sojamilch

#### Für den Salat
1 Kopf Eisbergsalat
1 kleiner Kopf Radicchio
1 Bund Rucola
4 Frühlingszwiebeln
60 g Kressesprossen

Zubereitungszeit: ca. 20 Minuten
Pro Portion ca. 250 kcal/1030 kJ
3 g E · 24 g F · 4 g KH

# Gurkensalat
# China-Style

## Für 4 Portionen

1 El Sesamsamen
2½ El Sonnenblumenöl
3 El Reisessig
2 Tl Agavendicksaft
Salz
1 kleine rote Zwiebel
2-3 Knoblauchzehen
1 daumengroßes Stück Ingwer
2 Salatgurken
2 El gehackte Petersilie

Zubereitungszeit: ca. 20 Minuten
Pro Portion ca. 150 kcal/620 kJ
4 g E · 9 g F · 13 g KH

Die Sesamsamen in einer Pfanne ohne Öl vorsichtig leicht rösten, dann die Pfanne vom Herd nehmen. Das Sonnenblumenöl dazugießen und kurz ziehen lassen, sodass es den Geschmack vom Sesam annimmt.

Den Reisessig, das Öl mit den Sesamsamen, den Agavendicksaft und 1 Tl Salz in einer Salatschüssel miteinander verrühren.

Die Zwiebel abziehen, fein hacken und in das Dressing geben. Die Knoblauchzehen abziehen und dazupressen. Den Ingwer schälen, reiben und ebenfalls in das Dressing rühren.

Die Gurken waschen, je nach Geschmack schälen oder nicht, längs halbieren, entkernen und in feine Scheiben schneiden oder hobeln.

Die Gurkenscheiben erst kurz vor dem Servieren zum Dressing geben. Mit Petersilie garnieren. Sofort servieren, da die Gurken sonst viel Wasser verlieren.

# Pitabrot

## Für 8 Stück

600 g Dinkel- oder Weizenmehl

1 P. Trockenhefe

1 Tl Agavendicksaft
(oder 1 ½ Tl Rohrzucker)

1 Tl Olivenöl

1½ Tl Salz

Zubereitungszeit: ca. 15 Minuten
(plus ca. 30 Minuten Geh-
und 10-12 Minuten Backzeit)
Pro Stück ca. 270 kcal/1120 kJ
10 g E · 2 g F · 52 g KH

Das Mehl in eine Schüssel sieben. Mit der Hefe, dem Agavendicksaft oder Zucker, 275 ml lauwarmem Wasser und dem Olivenöl zu einem glatten Teig verkneten. Abdecken und an einem zugfreien Ort etwa 30 Minuten gehen lassen.

Das Salz dazugeben und den Teig erneut durchkneten. Den Backofen auf 200 °C vorheizen. Den Teig in 8 Portionen teilen und jedes Stück zu einem Fladen ausrollen oder flachdrücken.

Die Fladen auf mit Backpapier belegte Bleche legen und im heißen Ofen 10–12 Minuten backen.

## Tipp
Die Pitabrote passen ausgezeichnet zu Falafel (S. 59) und Zaziki (S. 43) oder zu veganem Döner und Gyros.

# Zaziki

Die Gurke schälen, längs halbieren, entkernen und fein reiben. Mit den Händen die Flüssigkeit auspressen, dann die Gurkenmasse in eine Schüssel geben. Den Knoblauch schälen und dazupressen.

Den Schnittlauch waschen, trocknen und in feine Ringe schneiden. Mit dem Joghurt und dem Dill in die Schüssel geben. Alles gut verrühren und mit Salz und Pfeffer würzen.

## Für 4 Portionen

1 Salatgurke
6 Knoblauchzehen
1 Bund Schnittlauch
500 g Sojajoghurt natur
½ El frisch gehackter Dill
2 Tl Salz
frisch gemahlener schwarzer Pfeffer

Zubereitungszeit: ca. 15 Minuten
Pro Portion ca. 60 kcal/240 kJ
6 g E · 2 g F · 6 g KH

# Coleslaw
## mit Äpfeln

Den Strunk des Kohls entfernen. Den Kohl halbieren und ganz fein schneiden oder hobeln oder mit der Küchenmaschine fein reiben. Die Zwiebel abziehen und ebenfalls in ganz feine Ringe schneiden. Die Möhren und Äpfel waschen, putzen bzw. vom Kerngehäuse befreien, schälen und reiben. Alles miteinander vermengen.

Die Petersilie waschen, trocknen und fein hacken. Dann den Zitronensaft, den Senf und die Mayonnaise dazugeben. Alles gut vermischen und mit Meersalz und Pfeffer abschmecken. Der Coleslaw schmeckt besonders gut, wenn er vor dem Servieren noch mindestens 1 Stunde durchziehen kann.

### Für 4 Portionen
½ Kopf Weiß- oder Rotkohl
½ rote Zwiebel
3 Möhren
2 Äpfel
1 kleines Bund glatte Petersilie
Saft von 1 Zitrone
1 Tl scharfer Senf
2 El vegane Mayonnaise (siehe S. 37)
Meersalz
frisch gemahlener schwarzer Pfeffer

Zubereitungszeit: ca. 20 Minuten
Pro Portion ca. 160 kcal/660 kJ
4 g E · 5 g F · 22 g KH

# Frisch-würziges Taboulé

## Für 4 Portionen

10 getrocknete Tomaten

200 g Couscous

Salz

5 El Rosinen

1 Paprikaschote

2 Zwiebeln

1 Knoblauchzehe

2 kleine Zucchini

1 Möhre

250 g Kirschtomaten

3 El Olivenöl

Pfeffer

2 El Aceto balsamico

4 Zweige Koriander

1 Bund Petersilie

Ras el Hanout zum Abschmecken

Zubereitungszeit: ca. 30 Minuten
Pro Portion ca. 320 kcal/1340 kJ
9 g E · 9 g F · 49 g KH

500 ml Wasser aufkochen. Die getrockneten Tomaten fein hacken. Den Couscous mit 1 Prise Salz, den gehackten getrockneten Tomaten und den Rosinen in einer Schüssel mischen. Mit dem kochenden Wasser übergießen und etwa 10 Minuten ziehen lassen. Gelegentlich umrühren.

In der Zwischenzeit die Paprikaschote längs halbieren, putzen, innen und außen waschen. Die Zwiebeln und den Knoblauch abziehen. Zucchini, Möhre und Tomaten putzen, waschen und abtrocknen. Die Möhre schälen. Das gesamte Gemüse bis auf den Knoblauch in Würfel schneiden. Alles in einer Schüssel vermischen, den Knoblauch dazupressen, 1 El Öl unterrühren und mit Salz und Pfeffer abschmecken.

Das Gemüse zum Couscous geben, das restliche Öl und den Essig unterrühren. Die Kräuter waschen, trocknen und fein hacken. Zur Couscous-Gemüse-Mischung geben und unterrühren. Das Taboulé mit Salz, Pfeffer und Ras el Hanout abschmecken.

## Tipp

Dieser Salat schmeckt lauwarm oder auch kalt, ist also ein toller Begleiter für die Mittagspause oder ein Picknick.

# Bruhin'scher Pastasalat

Die Pasta nach Packungsanweisung in reichlich Salzwasser al dente kochen. Zum Abkühlen in einem Sieb mit kaltem Wasser übergießen und abtropfen lassen.

Die Kirschtomaten waschen und halbieren. Die Gurke waschen und in etwa ebenso große Stücke schneiden. Die getrockneten Tomaten mit heißem Wasser übergießen, einige Minuten ziehen lassen. Dann das Wasser abgießen, die Tomaten trocken tupfen und in feine Streifen schneiden.

Aus Olivenöl und Aceto balsamico eine Sauce rühren, mit Salz und Pfeffer abschmecken. Den Knoblauch abziehen und dazupressen. Die Pinienkerne in einer Pfanne ohne Fett etwas anrösten.

Die Pasta mit dem Gemüse und der Sauce vermengen. Das Basilikum waschen, trocknen, in feine Streifen schneiden und zusammen mit den Pinienkernen über den Pastasalat streuen.

## Für 4 Portionen

500 g Hartweizengrieß- oder Dinkelpasta
250 g Kirschtomaten
½ Salatgurke
6 getrocknete Tomaten
4 El Olivenöl
6 El Aceto balsamico
Meersalz
frisch gemahlener schwarzer Pfeffer
1 Knoblauchzehe
50 g Pinienkerne
1 Bund frisches Basilikum

Zubereitungszeit: ca. 15 Minuten
(plus ca. 10 Minuten Kochzeit)
Pro Portion ca. 620 kcal/2610 kJ
20 g E · 18 g F · 93 g KH

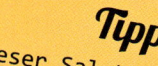

**Tipp**
Dieser Salat eignet sich auch perfekt für unterwegs, ob für die Mittagspause oder das Picknick.

# Kichererbsensalat
## mit Cranberries

Die Kichererbsen über Nacht in reichlich Wasser einweichen. Am nächsten Tag in frischem Wasser in etwa 1 Stunde gar kochen. Wenn sie weich sind, das Wasser abgießen und die Kichererbsen abkühlen lassen. Alternativ Kichererbsen aus dem Glas oder der Dose verwenden.

Die Paprikaschoten halbieren, putzen und innen und außen waschen. Die Möhren putzen und schälen, die Tomaten waschen und trocknen. Beides klein schneiden. Die Zwiebeln abziehen und ebenfalls klein schneiden. 2 El Olivenöl in einer Pfanne erhitzen und das Gemüse darin kurz anbraten.

Das restliche Olivenöl mit dem Apfelessig, dem Senf, 2 Tl Salz, etwas Pfeffer und 1 Prise Zimt zu einer Sauce verrühren. Das Gemüse aus der Pfanne in eine Schüssel geben, die Sultaninen und Cranberries dazugeben und die Sauce in den Salat rühren. Alles gut vermischen und mindestens 30 Minuten ziehen lassen. Nochmals mit den Gewürzen abschmecken.

### Für 4 Portionen

300 g getrocknete Kichererbsen
(oder 800 g aus der Dose/aus dem Glas)

2 Möhren

je 2 rote und gelbe Paprikaschoten

2 Tomaten

2 Zwiebeln

8 El Olivenöl

2 El Apfelessig

4 Tl mittelscharfer Senf

Salz

frisch gemahlener schwarzer Pfeffer

1 Prise Zimt

6 El Sultaninen

6 El getrocknete Cranberries

Zubereitungszeit: ca. 20 Minuten
(plus ca. 1 Stunde Garzeit)
Pro Portion ca. 580 kcal/2420 kJ
18 g E · 26 g F · 66 g KH

# Möhrensuppe
# Marrakesch

Die Zwiebel abziehen und fein würfen. Das Öl in einem Topf erhitzen und die Zwiebelwürfel darin kurz dünsten. Den Knoblauch abziehen und dazupressen. Den Ingwer ebenfalls in den Topf geben und alles mit Kreuzkümmel, gemahlenem Koriander und Cayennepfeffer würzen. Die Möhren und die Kartoffel schälen, waschen und grob zerkleinern. Beides mit in den Topf geben und das Ganze bei mittlerer Hitze ca. 10 Minuten garen.

Die Gemüsebrühe dazugießen und aufkochen lassen. Die Hitze reduzieren und die Suppe mit schräg aufgelegtem Deckel 30 Minuten kochen, bis die Möhren weich sind.

Die Suppe mit dem Stabmixer pürieren. Den Agavendicksaft und den Zitronen- oder Orangensaft einrühren. Wenn nötig, noch etwas Wasser dazugießen. Die Suppe mit Salz und Pfeffer abschmecken und ganz heiß servieren.

### Für 4 Portionen

1 große Zwiebel
2 El Olivenöl
4 Knoblauchzehen
1 El frisch geriebener Ingwer
1 Tl gemahlener Kreuzkümmel
1 Tl gemahlener Koriander
¼ Tl Cayennepfeffer
750 g Möhren
1 Kartoffel
1,5 l Gemüsebrühe
1 Tl Agavendicksaft
2 El Zitronen- oder Orangensaft
Salz
frisch gemahlener schwarzer Pfeffer

Zubereitungszeit: ca. 20 Minuten
(plus ca. 40 Minuten Kochzeit)
Pro Portion ca. 170 kcal/720 kJ
4 g E · 6 g F · 25 g KH

# Maissuppe American Style

## Für 4 Portionen

2 Zwiebeln
2 mittelgroße Kartoffeln
½ Chilischote
2 El Sonnenblumenöl
400 ml Gemüsebrühe
500 ml Sojamilch
440 g Mais (aus der Dose)
½ Bund krause Petersilie

Zubereitungszeit: ca. 20 Minuten
(plus 15-20 Minuten Kochzeit)
Pro Portion ca. 210 kcal/890 kJ
9 g E · 7 g F · 26 g KH

Die Zwiebeln abziehen und fein hacken. Die Kartoffeln waschen, schälen und würfeln. Die Chilischote längs aufschneiden, putzen, waschen und in feine Ringe schneiden.

Das Sonnenblumenöl in einem Topf erhitzen und die Zwiebeln darin 5–7 Minuten glasig dünsten. Kartoffelstücke und Chili dazugeben und 3 Minuten unter Rühren mitbraten. Gemüsebrühe, Sojamilch und den abgetropften Mais dazugeben und verrühren. Alles 15 Minuten köcheln lassen. Dann mit dem Stabmixer möglichst alle Kartoffeln pürieren, aber darauf achten, dass vom Mais ein Teil ganz bleibt.

Die Petersilie waschen, trocknen und fein hacken. Die Maissuppe mit der Petersilie bestreut servieren.

# Kichererbsen-Spinat-Eintopf

Die Kichererbsen abgießen, abspülen und gut abtropfen lassen. Den Ingwer und den Knoblauch schälen und fein hacken. Die Möhren waschen, schälen und in ca. 1 cm dicke Scheiben schneiden. Die Zwiebeln abziehen und würfeln. Den Spinat gründlich waschen, trocken schleudern, von den dicken Stielen und Rippen befreien und grob schneiden.

Das Öl in einem Topf erhitzen und Zwiebeln, Knoblauch, Ingwer und Möhren darin ca. 5 Minuten dünsten. Das Currypulver dazugeben und kurz mitdünsten. Die Brühe dazugießen, alles aufkochen und ca. 5 Minuten köcheln lassen.

Die Kichererbsen, den Spinat und die Rosinen zugeben und den Eintopf weitere 5 Minuten köcheln lassen. Mit Salz abschmecken.

## Für 4 Portionen

800 g Kichererbsen (aus der Dose)
1 Stück Ingwer (ca. 10 g)
2 Knoblauchzehen
300 g Möhren
4 Zwiebeln
250 g Blattspinat
2 El Öl
1 El Currypulver
500 ml Gemüsebrühe
5 El Rosinen
Salz

Zubereitungszeit: ca. 15 Minuten
(plus ca. 10 Minuten Kochzeit)
Pro Portion ca. 380 kcal/1580 kJ
18 g E · 11 g F · 50 g KH

## Tipp

Der Eintopf kann auch mit tiefgekühltem Blattspinat zubereitet werden. Am besten, Sie nehmen bereits portionierten Spinat und lassen den Eintopf dann einfach 5–10 Minuten länger köcheln.

# Gefüllte Champignons

## Für 4 Portionen

20 mittelgroße Champignons
4 Zwiebeln
2 El Olivenöl
4 Scheiben altbackenes Weißbrot
150 ml Sojamilch
1 Prise Salz
¼ Tl schwarzer Pfeffer aus der Mühle
1 Bund Petersilie
Öl für die Form

Zubereitungszeit: ca. 20 Minuten
(plus ca. 15 Minuten Backzeit)
Pro Portion ca. 160 kcal/670 kJ
9 g E · 6 g F · 18 g KH

Den Backofen auf 180 °C vorheizen. Die Champignons abreiben, vorsichtig die Stiele entfernen und diese klein schneiden. Die Zwiebeln abziehen und fein hacken. Das Olivenöl in einer Pfanne erhitzen und die Zwiebeln darin kurz anbraten, bis sie leicht braun sind.

Die Brotscheiben in kleine Würfel schneiden. Die klein geschnittenen Champignonstiele sowie die Brotwürfelchen mit in die Pfanne geben und alles 1 weitere Minute braten. Die Sojamilch einrühren und die Mischung mit Salz und Pfeffer würzen. Vom Herd nehmen. Die Petersilie waschen, trocknen, hacken und unter die Füllung mischen.

Die Champignonschirme mit der Rundung nach unten in eine leicht eingeölte Backform legen. Mit einem Teelöffel die Füllung in die Schirme verteilen. Die gefüllten Champignons etwa 15 Minuten im Ofen backen.

## Variationen

Sie können auch die Petersilie durch Rosmarin ersetzen. Anstelle der Brotkrumen passen ebenso gehackte Pekan- oder Haselnüsse.

# Falafel aus dem Ofen

Die Kichererbsen gut abspülen, mit dem Zitronensaft, dem Sojajoghurt und 1 El Olivenöl pürieren. Das Mehl gründlich unterrühren.

Die Zwiebel abziehen und fein hacken. Die Petersilie waschen, trocken schütteln und ebenfalls fein hacken. Zwiebel und Petersilie unter die Kichererbsenmasse mischen. Mit Salz und Pfeffer würzen. Den Backofen auf 180 °C vorheizen.

Die Masse zu Kugeln formen. Eine Gratinform mit dem restlichen Ölivenöl einpinseln. Die Kugeln darin verteilen und im Ofen etwa 35 Minuten backen.

## Für 4 Portionen

480 g Kichererbsen (aus der Dose)

2 El Zitronensaft

2 El Sojajoghurt

2 El Olivenöl

3½ El Mehl

1 kleine Zwiebel

½ Bund Petersilie

Salz

frisch gemahlener schwarzer Pfeffer

Zubereitungszeit: ca. 20 Minuten
(plus ca. 35 Minuten Backzeit)
Pro Portion ca. 230 kcal/970 kJ
10 g E · 8 g F · 28 g KH

## Tipp
Passt ausgezeichnet zu Pitabrot (S. 42), Zaziki (S. 43) und Spinat-Reis mit Frühlingszwiebeln (S. 85).

# Hauptgerichte

# Tomaten-Penne
# mit Zwiebeln und Rosmarin

## Für 4 Portionen

1 Rosmarinzweig (ca. 15 cm lang)

1½ Tl Salz

2 große rote Zwiebeln

2 El Olivenöl

1 Knoblauchzehe

2 El Tomatenmark

100 ml veganer Rotwein

800 g gehackte Tomaten (aus der Dose)

1 Tl Agavendicksaft

frisch gemahlener schwarzer Pfeffer

500 g Dinkel-Penne

Zubereitungszeit: ca. 20 Minuten
(plus ca. 30 Minuten Kochzeit)
Pro Portion ca. 550 kcal/2290 kJ
19 g E · 7 g F · 97 g KH

## Tipp

Wenn Kinder mitessen, ersetzen Sie den Wein durch 1 El Rotweinessig und 100 ml schwache Gemüsebrühe.

Den Rosmarinzweig waschen und trocken schütteln. Die Nadeln vom Zweig zupfen und in einem Mörser zusammen mit dem Salz zu einem feinen Rosmarinsalz mörsern.

Die Zwiebeln abziehen und fein hacken. In einer Pfanne das Olivenöl erhitzen und die Zwiebeln darin andünsten, bis sie bräunlich sind. Die Knoblauchzehe abziehen und dazupressen, sehr kurz mitbraten. Das Tomatenmark unterrühren und kurz mitdünsten. Mit dem Rotwein ablöschen und alles etwas einköcheln lassen.

Die gehackten Tomaten einrühren und die Sauce mit dem Rosmarinsalz und dem Agavendicksaft würzen. Pfeffer aus der Mühle nach Geschmack dazugeben. Den Rosmarinzweig kann man mitkochen. Er gibt einen wunderbaren Rosmaringeschmack an die Sauce ab und wird vor dem Servieren einfach entfernt.

Die Sauce mindestens 30 Minuten leicht köcheln lassen. Unterdessen die Penne nach Packungsanleitung in reichlich Salzwasser al dente kochen. Die Pasta abgießen und mit der Tomatensauce servieren.

# Spaghetti
## mit Ofentomaten

Den Backofen auf 180 °C Umluft vorheizen. Die Kirschtomaten waschen und abtrocknen. Den Knoblauch abziehen, durch die Presse drücken und mit Kirschtomaten, Olivenöl, Chilipulver und Aceto balsamico mischen. Mit Pfeffer würzen und auf einem Backblech im vorgeheizten Ofen ca. 20 Minuten garen, bis die Tomaten weich sind.

In der Zwischenzeit die Spaghetti in reichlich Salzwasser al dente kochen. Das Basilikum waschen, trocken tupfen und die Blätter von den Stielen zupfen.

Die Pasta abgießen, abtropfen lassen und zurück in den Topf geben. Die Tomatenmischung und die Basilikumblätter zugeben. Alles gut verrühren und in vorgewärmten Tellern servieren.

### Für 4 Portionen

500 g Kirschtomaten
1 Knoblauchzehe
3 El Olivenöl
¼ Tl Chilipulver
1 El Aceto balsamico
frisch gemahlener Pfeffer
500 g Spaghetti (aus Hartweizengrieß oder Dinkel)
Meersalz
½ Bund frisches Basilikum

Zubereitungszeit: ca. 10 Minuten
(plus ca. 20 Minuten Garzeit)
Pro Portion ca. 520 kcal/2190 kJ
17 g E · 9 g F · 92 g KH

### Tipp

Sie können die Tomatenmischung auch ungebacken unter die gekochten Spaghetti rühren – ein tolles, frisches Sommergericht!

# Spinat-Tofu-Cannelloni

## Für 4 Portionen

### Für den Pastateig

100 g Dinkelmehl

100 g Hartweizengrieß

½ TI Meersalz, 2 El Olivenöl

### Für die Füllung

350 g Tofu natur

8 El Olivenöl

400 g Blattspinat

1 Zwiebel, 1 Knoblauchzehe

1 Möhre, 200 ml veganer Rotwein

400 g gewürfelte Tomaten (aus der Dose)

2 El Tomatenmark

100 ml Gemüsebrühe

2 El gemischte mediterrane Kräuter
(frisch gehackt oder getrocknet)

Salz, frisch gemahlener Pfeffer

100 g Pinienkerne

5 frische Tomaten

Öl für die Form

*Zubereitungszeit: ca. 40 Minuten
(plus ca. 30 Minuten Koch- und
ca. 20 Minuten Backzeit)
Pro Portion ca. 750 kcal/3130 kJ
31 g E · 44 g F · 49 g KH*

Für den Pastateig Dinkelmehl, Hartweizengrieß, Salz und Olivenöl vermischen. 80 ml Wasser langsam dazugeben und alle Zutaten mit den Händen oder den Knethaken einer Küchenmaschine zu einem glatten Teig verkneten. In Folie verpackt mindestens 20 Minuten ruhen lassen.

Für die Füllung den Tofu mit einer Gabel krümelig zerdrücken. 6 El Olivenöl in einer Pfanne erhitzen und den Tofu darin mindestens 10 Minuten knusprig anbraten. Den goldbraunen Tofu aus der Pfanne nehmen und in einer Schüssel beiseitestellen.

Den Spinat gründlich waschen und 2 Minuten in siedendem Wasser blanchieren. Abgießen, ausdrücken und fein hacken. Mit Salz und Pfeffer abschmecken.

Die Zwiebel abziehen und in Würfel schneiden. Den Knoblauch ebenfalls abziehen und fein hacken. Die Möhre schälen und reiben. Das restliche Öl in einem Topf erhitzen und Zwiebel, Knoblauch und Möhre darin anschwitzen. Mit dem Rotwein ablöschen.

Die Dosentomaten, das Tomatenmark, die Gemüsebrühe, den Tofu und 1 El von den Kräutern dazugeben. Das Ganze mindestens 30 Minuten auf kleiner Flamme köcheln lassen und evtl. mit etwas Salz und Pfeffer abschmecken.

Währenddessen die Pinienkerne in einer Pfanne ohne Fett anrösten. Am Ende der Garzeit unter die Sauce rühren.

Den Boden einer Auflaufform mit Olivenöl bestreichen. Die Tomaten waschen, in Scheiben schneiden und in der Form auslegen. Mit den restlichen Kräutern und etwas Salz und Pfeffer würzen. Den Backofen auf 180 °C vorheizen.

Den Teig mit der Pastamaschine oder dem Nudelholz portionsweise dünn in der Größe der Form ausrollen. Die Teigstücke mit dem Spinat und jeweils etwas Sauce füllen, oben verschließen und mit der Naht nach unten nebeneinander in die Form legen.

Die Cannelloni mit der restlichen Sauce bedecken und 15–20 Minuten im Ofen backen.

### Tipp
Wenn Kinder mitessen, ersetzen Sie den Wein durch 1 El Rotweinessig und 200 ml Traubensaft.

# Penne
# an Tomatenrahm

Die Zwiebel abziehen und grob hacken. Die getrockneten Tomaten in Streifen schneiden. Die Pinienkerne in einer beschichteten Pfanne ohne Öl kurz anrösten, dann beiseitestellen.

In der gleichen Pfanne das Olivenöl erhitzen und die Zwiebel darin kurz anschwitzen. Das Tomatenmark und den Thymian hinzufügen und kurz mitdünsten.

Die passierten sowie die getrockneten Tomaten und ½ Tl Salz dazugeben. Die Sauce ca. 15 Minuten köcheln lassen.

250 ml Wasser und das Mandelmus gut verrühren und unter die Tomatensauce mischen. Weitere 10 Minuten köcheln lassen.

In der Zwischenzeit die Penne in reichlich Salzwasser nach Packungsanleitung al dente kochen. Die Sauce mit Salz und Pfeffer abschmecken und auf den Penne anrichten. Mit den gerösteten Pinienkernen bestreuen.

## Für 4 Portionen

1 große Zwiebel
8 getrocknete Tomaten
50 g Pinienkerne
1 El Olivenöl
80 g Tomatenmark
2 Tl frische Thymianblättchen
80 g Tomatenmark
400 g passierte Tomaten (aus der Dose)
Salz
80 g Mandelmus
500 g Penne (aus Dinkel oder Hartweizengrieß)
frisch gemahlener schwarzer Pfeffer

Zubereitungszeit: ca. 20 Minuten
(plus ca. 25 Minuten Kochzeit)
Pro Portion ca. 590 kcal/2460 kJ
19 g E · 22 g F · 76 g KH

# Lasagne
# mit Gemüse-Tofu-Bolognese

## Für 4 Portionen

500 g Tofu natur

5 El Olivenöl

2 Zwiebeln

2 Knoblauchzehen

1 kleine Zucchini

2 Möhren

½ Knollensellerie

4 El Tomatenmark

3 Zweige Rosmarin

1 kg frische Tomaten

1 Tl Zitronensaft

1 Tl Agavendicksaft

Salz, frisch gemahlener Pfeffer

250 g Lasagneblätter

500 ml Sojamilch

1 Prise Salz

1 Msp. geriebene Muskatnuss

3 Tl Maisstärke

Öl für die Form

*Zubereitungszeit: ca. 45 Minuten
(plus ca. 30 Minuten Koch- und
ca. 40 Minuten Backzeit)
Pro Portion ca. 630 kcal/2640 kJ
37 g E · 22 g F · 68 g KH*

Den Tofu mit den Händen in feine Stücke zerbröseln. In einer großen Bratpfanne das Olivenöl erhitzen und den Tofuhack 10–15 Minuten bei starker Hitze darin anbraten, sodass er Farbe annimmt.

Die Zwiebeln und Knoblauchzehen abziehen, fein hacken und mit in die Pfanne geben. Kurz mitdünsten. Die Zucchini, die Möhren und den Sellerie waschen, abtrocknen, putzen, den Sellerie schälen und alles fein hacken oder reiben. Gemeinsam mit dem Tomatenmark ebenfalls kurz mitdünsten.

Den Rosmarin und die Tomaten waschen und trocken tupfen. Die Tomaten von den Stielansätzen befreien und in kleine Würfel schneiden. Tomaten, Rosmarin, Zitronensaft und Agavendicksaft in die Pfanne geben. Mit Salz und Pfeffer abschmecken. Die Sauce mindestens 30 Minuten auf kleiner Stufe kochen lassen.

Eine Auflaufform mit Öl ausstreichen. Darin abwechselnd Sauce und Lasagneblätter übereinanderschichten. Den Backofen auf 180 °C Umluft vorheizen.

In einem Topf die Sojamilch (bis auf 2 El) mit 1 Prise Salz und 1 Msp. Muskatnuss aufkochen. Die Maisstärke in der zurückbehaltenen Sojamilch auflösen, dann mit in den Topf geben. Gut einrühren und nochmals kurz aufkochen. Die Sauce vorsichtig über die Lasagne gießen. Im Ofen 30–40 Minuten backen, sodass eine schöne hellbraune Kruste entsteht.

# Spätzle mit Spinatsauce

Für die Sauce die Zwiebel und den Knoblauch abziehen und fein hacken. Den Blattspinat gründlich waschen, von dicken Stielen befreien und grob hacken. Das Rapsöl in einem Topf erhitzen und Zwiebel und Knoblauch darin hellbraun dünsten. Den Blattspinat dazugeben und 5 Minuten (bei Tiefkühlspinat 10 Minuten) auf kleiner Stufe kochen lassen.

Das Mandelmus in etwas warmem Wasser auflösen und unterrühren. Kurz aufkochen. Mit Muskat, Salz und Pfeffer abschmecken.

Für die Spätzle das Sojamehl mit 8 El Wasser verrühren. Mehl, Hartweizengrieß, Salz und 500 ml Wasser miteinander verrühren. Die Sojamehl-Wasser-Mischung dazugeben und alles nochmals gründlich verrühren.

In einem großen Topf reichlich Salzwasser zum Kochen bringen. Die Teigmasse mit einem Spätzlehobel portionenweise ins kochende Wasser hobeln. Sobald die Spätzle an der Wasseroberfläche schwimmen, sind sie gar und können abgeschöpft werden.

Die Spätzle mit der Spinatsauce servieren.

## Für 4 Portionen

### Für die Sauce
1 große Zwiebel
1 Knoblauchzehe
500 g Blattspinat (frisch oder TK, dann am besten portioniert)
1 El Rapsöl mit Buttergeschmack
4 El Mandelmus
1 Prise geriebene Muskatnuss
Salz
frisch gemahlener schwarzer Pfeffer

### Für die Spätzle
4 El Sojamehl
320 g Mehl
200 g Hartweizengrieß
1½ Tl Salz

Zubereitungszeit: ca. 35 Minuten
Pro Portion ca. 590 kcal/2480 kJ
23 g E · 12 g F · 96 g KH

# Überbackene Tomaten-Gnocchi

## Für 4 Portionen

### Für die Gnocchi
500 g festkochende Kartoffeln
Salz, 250 g Dinkelmehl
50 g Hartweizengrieß

### Für die Tomatensauce
1 Zwiebel, 1 El Olivenöl
1 Knoblauchzehe
1 Schuss veganer Rotwein
1 Tl Agavendicksaft oder Tomatenmark
400 g Tomaten (frisch oder aus der Dose)
Salz
frisch gemahlener schwarzer Pfeffer
nach Belieben frisch gehackte oder
getrocknete italienische Kräuter

### Zum Gratinieren
je nach Geschmack
200 g geriebener veganer Käse
1 Bund frisches Basilikum

Zubereitungszeit: ca. 40 Minuten
(plus ca. 20 Minuten Kochzeit und
ca. 20 Minuten Zeit zum Gratinieren)
Pro Portion ca. 510 kcal/2130 kJ
13 g E · 16 g F · 75 g KH

Die Kartoffeln waschen, schälen, in Würfel schneiden und in Salzwasser in etwa 20 Minuten weich kochen.

In der Zwischenzeit für die Sauce die Zwiebel abziehen und fein hacken. Das Olivenöl in einem Topf erhitzen und die Zwiebel darin glasig dünsten. Den Knoblauch schälen, durch die Presse drücken oder fein hacken und dazugeben. 2–3 Minuten mitdünsten, dann mit dem Rotwein ablöschen.

Tomatenmark oder Agavendicksaft dazugeben und kurz anschwitzen bzw. karamellisieren. Die frischen Tomaten waschen, von den Stielansätzen befreien und klein schneiden, die Dosentomaten ebenfalls etwas klein schneiden. Tomaten in den Topf geben und mit Salz, Pfeffer aus der Mühle und italienischen Kräutern würzen. Die Sauce mindestens 20 Minuten – 1½ Stunden köcheln lassen – je länger, desto besser.

Die Kartoffeln abgießen, dann stampfen und mit dem Mehl, dem Hartweizengrieß und 1 Tl Salz vermengen. Die Masse gut durchkneten. Den Teig zu kleinen ovalen Kugeln formen (zu große Gnocchi werden beim Kochen gummiartig) und in reichlich kochendes Salzwasser geben. Die Gnocchi für einige Minuten kochen; wenn sie an der Wasseroberfläche schwimmen, sind sie gar und können abgeschöpft werden.

Den Backofen auf 180 °C Umluft vorheizen. Die Gnocchi in eine gefettete Gratinform geben, die Tomatensauce darüber verteilen und alles nach Wunsch mit veganem Käse bestreuen. Etwa 20 Minuten im Backofen gratinieren. Das Basilikum waschen, trocknen und die Blätter von den Stielen zupfen. Die Basilikumblätter für die letzten 3 Minuten im Ofen auf den Gnocchi verteilen und mitgratinieren.

**Tipp**

Wenn Kinder mitessen, lassen Sie den Rotwein einfach weg.

**Tipp**
Wenn Kinder mitessen,
den Wein durch 200 ml
Traubensaft und 1 El
Rotweinessig ersetzen.

# Kartoffelpüree
## mit Gemüse im See

Die Möhren putzen, schälen und in gleichmäßige feine Stifte schneiden. Die Zwiebeln abziehen und achteln. Das Öl in einer Pfanne erhitzen und das Gemüse darin 6–8 Minuten rührbraten, bis es bräunlich wird. Die Knoblauchzehe abziehen, dazupressen und kurz mitbraten.

Das Tomatenmark hinzufügen, gut unterrühren und etwas mitdünsten. Den Wein mit dem Ahornsirup, der Sojasauce und 100 ml Wasser mischen. Das Dinkelmehl über den Pfanneninhalt stäuben, untermixen und mit der Wein-Wasser-Mischung ablöschen. Mit den Kräutern würzen, aufkochen und 15 Minuten leicht köcheln lassen, bis das Gemüse weich ist. Mit Pfeffer abschmecken.

Für das Kartoffelpüree die Kartoffeln waschen, schälen und in große Stücke schneiden. In ca. 600 ml heißem Salzwasser zugedeckt 10–15 Minuten kochen, dann abgießen.

Die vegane Margarine in einer Pfanne schmelzen. Die Mandelmilch dazugeben und erwärmen. Die Kartoffeln stampfen oder in die Pfanne passieren. Alles gut mischen und luftig rühren. Mit Salz und Muskat abschmecken. Die Petersilie waschen, trocken schütteln und fein hacken.

Das Kartoffelpüree auf Tellern anrichten und jeweils in der Mitte mit einem Löffel eine Kuhle formen. Das Saucengemüse hineinfüllen, sodass ein See entsteht und mit Petersilie bestreut servieren.

### Für 4 Portionen
#### Für das Gemüse
6-8 Möhren
2 rote Zwiebeln
2 El Rapsöl mit Buttergeschmack
1 Knoblauchzehe
2 El Tomatenmark
200 ml veganer Rotwein
3 Tl Ahornsirup
1 El salzreduzierte Sojasauce
1 El Dinkelmehl
½ Tl getrockneter Thymian
1 Tl getrockneter Oregano

#### Für das Kartoffelpüree
800 g Kartoffeln
30 g vegane Margarine
250 ml Mandelmilch aus Mandelmus angerührt (3 El Mandelmus in 250 ml Wasser eingerührt)
Salz, geriebene Muskatnuss
1 Bund Petersilie

Zubereitungszeit: ca. 25 Minuten
(plus Kochzeit ca. 20 Minuten)
Pro Portion ca. 390 kcal/1650 kJ
7 g E · 16 g F · 50 g KH

# Kartoffelgratin

## Für 4 Portionen

1 kg Kartoffeln
400 ml kräftige Gemüsebrühe
3-4 El geriebener veganer Käse
Margarine für die Form

Zubereitungszeit: ca. 15 Minuten
(plus ca. 50 Minuten Backzeit)
Pro Portion ca. 230 kcal/960 kJ
6 g E · 4 g F · 40 g KH

Den Backofen auf 180 °C Umluft vorheizen. Die Kartoffeln waschen, schälen, in feine Scheiben hobeln oder schneiden und in eine mit Margarine ausgeriebene Gratinform schichten.

Die Gemüsebrühe aufkochen und darübergießen. Im vorgeheizten Ofen ca. 40 Minuten backen. Den Käse auf dem Gratin verteilen und für weitere 10 Minuten gratinieren.

### Variation
Anstelle des Käses 100 ml Soja-, Hafer- oder Reis- sahne darübergießen und nochmals 10 Minuten gratinieren.

# Grießauflauf

## Für 4 Portionen

1 l Sojamilch

200 g Grieß

Meersalz

1 Msp. gemahlene Muskatnuss

150 g geriebener veganer Käse

200 ml Sojasahne

Fett für die Form

Zubereitungszeit: ca. 20 Minuten
(plus ca. 15 Minuten Kochzeit, ca. 30 Minuten
Abkühlzeit und ca. 10 Minuten Gratinierzeit)
Pro Portion ca. 400 kcal/1650 kJ
15 g E · 20 g F · 40 g KH

Die Sojamilch mit 500 ml Wasser in einem Topf aufkochen. Den Grieß dazugeben und auf kleiner Stufe ca. 15 Minuten leicht köcheln lassen. Mit etwas Salz und Muskat würzen. Die Masse in ein mit Wasser ausgespültes Backblech gießen und auskühlen lassen.

Die abgekühlte Grießmasse in quadratische Stücke schneiden. Eine Gratinform mit veganer Margarine oder Öl fetten und die Grießquadrate hineinschichten.

Den Backofen auf 180 °C Umluft vorheizen. Den veganen Käse und die Sojasahne über dem Grieß verteilen und den Auflauf im Ofen etwa 10 Minuten gratinieren.

**Tipp**

Dazu passt gut ein großer bunter Salat.

# Backofen-Pommes
## mit Cocktailsauce

Die Kartoffeln waschen, schälen und in Stäbchen (Pommes) oder in Schnitze (Wedges) schneiden. Die Kartoffelstücke trocken tupfen und in einer Schüssel mit Salz und Thymian vermischen. Das Öl hinzugeben und alles nochmals gut mischen. Den Backofen auf 180 °C vorheizen.

Die Kartoffelstücke auf einem mit Backpapier ausgelegten Blech verteilen und etwas andrücken. Etwa 30 Minuten (je nach Größe der Kartoffelstücke) im Ofen backen, dabei mehrmals wenden.

Für die Cocktailsauce die Mayonnaise mit dem Ketchup vermischen. Mit Salz, Pfeffer und nach Wunsch mit Kräutern würzen.

### Für 4 Portionen

#### Für die Pommes

1 kg Kartoffeln

1-2 Tl Salz

1 Tl getrockneter, gerebelter Thymian

1 El Olivenöl

#### Für die Cocktailsauce

160 g vegane Mayonnaise (siehe S. 37)

60 g Ketchup

½ Tl Salz

Pfeffer

optional ½ Tl italienische Kräuter

Zubereitungszeit: ca. 10 Minuten
(plus ca. 30 Minuten Backzeit)
Pro Portion ca. 560 kcal/2350 kJ
6 g E · 40 g F · 43 g KH

### Tipp
Wenn Sie Kartoffeln mit dünner Schale nehmen, können Sie die Kartoffeln auch mit der Schale verwenden. Dann aber besonders gründlich waschen.

# Mexikanischer Tomatenreis

## Für 4 Portionen

1 Zwiebel

2 El Olivenöl

1 rote Paprikaschote

250 g Langkornreis

1 Tl Chilipulver

800 g frische gewürfelte Tomaten oder gewürfelte Tomaten aus der Dose

1 El Tomatenmark

2 Lorbeerblätter

½ Tl Salz

frisch gemahlener Pfeffer

Zubereitungszeit: ca. 15 Minuten
(plus ca. 25 Minuten Kochzeit)
Pro Portion ca. 310 kcal/1280 kJ
6 g E · 6 g F · 56 g KH

Die Zwiebel abziehen und fein hacken. Das Öl in einer Pfanne erhitzen und die Zwiebelwürfel darin glasig dünsten. Die Paprikaschote längs halbieren, putzen, innen und außen waschen und fein hacken. In die Pfanne geben und 2–3 Minuten mitdünsten.

Den Reis und das Chilipulver dazugeben und unter ständigem Rühren anbraten, bis der Reis leicht braun wird. Tomaten, Tomatenmark, Lorbeerblätter, Salz und Pfeffer hinzugeben. 20 Minuten zugedeckt köcheln lassen.

Den Deckel entfernen und noch ca. 5 Minuten weiterkochen lassen, damit die überschüssige Flüssigkeit verdampfen kann. Die Lorbeerblätter entfernen und servieren.

## Tipp

Der Reis passt gut zu gebratenem Tofu.

# Feiner Safranrisotto

## Für 4 Portionen

2 Zwiebeln

2 El Olivenöl oder Rapsöl mit Buttergeschmack

200 g Risottoreis

2 große Knoblauchzehen

250 ml veganer Weißwein oder alkoholfreier Sekt

1 l heiße Gemüsebrühe

1 P. Safran (250 mg)

frisch gemahlener Pfeffer

*Zubereitungszeit: ca. 30 Minuten*
*Pro Portion ca. 280 kcal/1160 kJ*
*5 g E · 6 g F · 41 g KH*

Die Zwiebeln abziehen und fein hacken. Das Öl in einem Topf erhitzen und die Zwiebeln darin bei milder Hitze glasig dünsten. Den Risottoreis dazugeben und unter ständigem Rühren anbraten. Den Knoblauch abziehen, fein hacken und hinzufügen. 3–4 Minuten mitdämpfen, dann mit dem Weißwein oder alkoholfreien Sekt ablöschen.

Den Risotto offen kochen lassen und nach und nach kellenweise heiße Brühe dazugeben. Regelmäßig rühren und immer, wenn die Brühe fast verkocht ist, neue hinzufügen. Nach etwa 20 Minuten ist der Reis gar; er sollte cremig sein, aber noch Biss haben. Ca. 5 Minuten vor Ende der Kochzeit den Safran dazugeben und gut unterrühren. Den Risotto mit viel Pfeffer würzen und sehr feucht servieren. Dazu schmeckt ein grüner Salat.

## Variation

Schmeckt auch toll als Steinpilzrisotto. Dafür 1 Handvoll getrocknete Steinpilze 10 Minuten in heißem Wasser einweichen, dann abgießen, klein schneiden und zusammen mit dem Knoblauch in den Topf geben.

# Spinat-Reis
## mit Frühlingszwiebeln

Das Rapsöl in einem Topf erhitzen. Den Reis dazugeben und bei kleiner Hitze unter ständigem Rühren 10 Minuten goldgelb anbraten.

Die Gemüsebrühe und das Salz hinzugeben, mit Pfeffer würzen. Unter ständigem Rühren zum Kochen bringen. Den Reis bei niedriger Stufe etwa 20 Minuten zugedeckt köcheln lassen.

In der Zwischenzeit die Zwiebeln abziehen und hacken. Das Olivenöl in einem Topf erhitzen. Die Zwiebeln darin unter Rühren 10 Minuten glasig dünsten. Den frischen Spinat gründlich waschen, von dicken Stielen befreien und grob hacken. Spinat dazugeben und 10 Minuten zugedeckt bei kleiner Hitze köcheln lassen. Die Frühlingszwiebeln waschen, putzen und fein hacken. Mit in den Topf geben und gut durchrühren.

Den Spinat mit dem Reis vermengen, noch einmal abschmecken und servieren.

### Für 4 Portionen
50 ml Rapsöl mit Buttergeschmack
250 g Langkornreis
500 ml Gemüsebrühe
1 Tl Salz
frisch gemahlener schwarzer Pfeffer
2 große Zwiebeln
1 El Olivenöl
4 Frühlingszwiebeln
250 g Blattspinat (frisch oder TK)

Zubereitungszeit: ca. 25 Minuten
(plus ca. 30 Minuten Garzeit)
Pro Portion ca. 380 kcal/1590 kJ
7 g E · 16 g F · 52 g KH

# Nasi Goreng
# mit Seitan

## Für 4 Portionen

50 g Cashewkerne

2 rote oder gelbe Paprikaschoten

1-2 Chilischoten

2 rote Zwiebel

600 g gekochter Basmatireis
(kalt, evtl. vom Vortag)

5 El mildes Rapsöl oder Olivenöl

1 Tl Currypulver

300 g Seitan

250 g TK-Erbsen, aufgetaut

2 El Sojasauce

Sambal Oelek

Sambal Badjak

1 Glas in Zuckerwasser eingelegter
Ingwer (optional)

Zubereitungszeit: ca. 35 Minuten
Pro Portion ca. 550 kcal/2300 kJ
25 g E · 21 g F · 65 g KH

Die Cashewkerne in einer Pfanne ohne Öl anrösten und in eine Schüssel geben. Paprikaschoten und Chilischoten halbieren, putzen, innen und außen waschen, die Zwiebeln abziehen. Paprika, Chili und Zwiebeln in schmale Streifen schneiden.

Den Reis bei starker Hitze in 3 El Öl etwa 10 Minuten in einer beschichteten Pfanne oder in einem Wok anbraten. Das Currypulver daruntermischen und die Pfanne beiseitestellen.

Den Seitan in feine Streifen schneiden und in 1 El Öl kross anbraten. Danach auf einem Küchenpapier abtropfen lassen.

Paprika, Chili, Zwiebeln und Erbsen im restlichen Öl ca. 3 Minuten anbraten. Dann den Reis und den Seitan hinzugeben, alles vermischen und mit Sojasauce und Salz würzen.

Das Nasi Goreng mit den Cashewkernen garnieren und mit Sambal Oelek, veganem Sambal Badjak und nach Wunsch mit in Zuckersirup eingelegtem Ingwer servieren.

# Sojageschnetzeltes
## Sweet & Sour

### Für 4 Portionen

100 g getrocknete Sojaschnetzel

Salz

50 ml Sojasauce

100 ml veganer Weißwein

je 2 rote und gelbe Paprikaschoten

2 Möhren

1 Zwiebel

200 g Reis

4 El Erdnuss-, Sesam- oder Olivenöl

2 El Mehl

1 Stück Ingwer (ca. 2 cm)

60 ml Essig

60 ml Ketchup

5 Tl Zucker

1½ Tl Maisstärke

½ frische Ananas

Zubereitungszeit: ca. 35 Minuten
(plus ca. 70 Minuten Zieh- und Marinierzeit)
Pro Portion ca. 540 kcal/2260 kJ
17 g E · 12 g F · 82 g KH

Die Sojaschnetzel nach Packungsanleitung mit kochendem Wasser übergießen und etwa 10 Minuten ziehen lassen. Dann abgießen und für 1 Stunde in einer Mischung aus 1 Tl Salz, 50 ml Sojasauce und 50 ml Weißwein marinieren. Dabei ab und zu umrühren.

In der Zwischenzeit die Paprikaschoten längs halbieren, putzen, innen und außen waschen und in Streifen schneiden. Die Möhren schälen, putzen und ebenfalls in kurze Streifen schneiden. 1 Zwiebel abziehen, halbieren und in Scheiben schneiden.

Den Reis in der doppelten Menge Wasser mit 1 Tl Salz kochen.

2 El Öl in einer Pfanne erhitzen und die Zwiebel-, Paprika- und Möhrenstücke darin 3–4 Minuten anschwitzen. In eine Schüssel geben.

Die Marinade des Sojageschnetzelten abgießen (1 El davon wird noch benötigt). Die Sojaschnetzel in Mehl wenden und anschließend in 2 El Öl leicht knusprig braten. Im Backofen bei 80 °C warm stellen.

In dieselbe Pfanne wie vorher das Sojageschnetzelte geben. Den Ingwer schälen, fein reiben und zusammen mit dem Essig, 120 ml Wasser, dem Ketchup, dem Zucker und 1 El der Marinade 1–2 Minuten kochen lassen. Die Paprika-Möhren-Zwiebel-Mischung hinzufügen.

Die Maisstärke in dem restlichen Weißwein anrühren und in die Sauce rühren. Die Ananas schälen, von den schwarzen Augen befreien, würfeln und mit in die Pfanne geben. Das Ganze nochmal aufkochen, dann die Sojaschnetzel einrühren. Das Sojageschnetzelte mit dem Reis servieren.

## Tipp

Wenn Kinder mitessen, ersetzen Sie den Wein durch 1 El Weißweinessig und 100 ml schwache Gemüsebrühe.

# Bohnenburger
# Black Beauty

## Für 4 Portionen
### Für die Burger
200 g getrocknete schwarze Bohnen

40 g Quinoa

1 große Zwiebel, 1 Bund Petersilie

1-2 Chilischoten (je nach Geschmack)

85 g Wirsing

1 Knoblauchzehe

1 Tl Sonnenblumenöl

1 Tl Barbequegewürz

1 Tl edelsüßes Paprikapulver

2 Tl Salz, 1 Prise Pfeffer

1 Tl Agavendicksaft

7 gehäufte El Mehl, evtl. etwas mehr

### Für die Garnitur
4 Essiggurken, 1 Tomate

1 kleine Zwiebel, 4 große Burgerbuns

4 Tl Senf

4 El Ketchup oder Cocktailsauce
(siehe S. 80)

Zubereitungszeit: ca. 30 Minuten
(plus ca. 12 Stunden Einweichzeit und
ca. 40 Minuten Koch- und Backzeit)
Pro Portion ca. 430 kcal/1810 kJ
18 g E · 6 g F · 75 g KH

Die Bohnen mindestens 12 Stunden in reichlich Wasser einweichen. Am nächsten Tag Quinoa und Bohnen mit 200 ml Wasser im Dampfkochtopf 15 Minuten kochen oder ohne Dampfkochtopf nach Packungsanleitung.

Die Zwiebel schälen, die Petersilie waschen und trocknen. Die Chilischote längs halbieren, putzen und innen und außen waschen. Zwiebel, Petersilie und Chili fein hacken. Den Wirsing waschen, trocknen und fein schneiden. Alles in eine Schüssel geben. Die Knoblauchzehe abziehen und dazupressen. Die Bohnen-Quinoa-Mischung mit einer Gabel oder dem Kartoffelstampfer fein zerdrücken und ebenfalls in die Schüssel geben. Die Mischung mit Sonnenblumenöl, Barbequegewürz, Paprikapulver, Salz, Pfeffer, Agavendicksaft und 5 gehäuften El Mehl verrühren. Den Backofen auf 200 °C Umluft vorheizen.

Die Masse zu 4 flachen Burgern formen. Ist die Burgermasse zu feucht, noch etwas mehr Mehl hinzufügen. Die Burger mit dem restlichen Mehl bestäuben und im Ofen 20–25 Minuten backen. Nach 10 Minuten wenden.

Die Essiggurken in Scheiben schneiden. Die Tomate waschen und ebenso in Scheiben schneiden. Die Zwiebel schälen und in feine Ringe schneiden. Die Buns die letzten 5 Minuten mit in den Backofen legen. Dann mit Senf und Ketchup oder Cocktailsauce bestreichen und mit den Burgern, Essiggurke, Tomate und Zwiebeln belegen.

# Bunte Gemüse-Pizza

Die Hefe und den Zucker mit einem Schneebesen in 300 ml lauwarmes Wasser einrühren, bis sich Hefe und Zucker im Wasser aufgelöst haben. 5–10 Minuten ruhen lassen. In der Zwischenzeit das Mehl, den Grieß und das Salz in eine Schüssel geben und in die Mitte eine Mulde drücken. Wasser-Hefe-Zucker-Mischung in die Mulde gießen und mit einer Gabel oder Küchenmaschine einrühren. Den entstandenen Teig so lange kneten, bis er schön weich, glatt und elastisch ist.

Den Teig mit Mehl bestäuben und mindestens 15 Minuten abgedeckt ruhen lassen. Danach den Teig in 4 Stücke teilen und jedes Stück zu einem dünnen, runden Fladen ausrollen. Den Backofen auf höchste Stufe vorheizen.

Die Dosentomaten in ein Sieb abgießen (die abgetropfte Flüssigkeit kann als Tomatensaft gewürzt und getrunken werden), die frischen Tomaten waschen, putzen und würfeln. Die Tomaten mit Salz, Pfeffer und Kräutern abschmecken und auf den Fladen verstreichen. Die Pizzen je nach Wunsch belegen und im Ofen in ca. 10 Minuten knusprig backen.

## Für 4 Stück
### Für den Teig
1 P. Trockenhefe (7 g)

1 Tl brauner Zucker

400 g Dinkel- oder Weizenmehl

100 g Hartweizengrieß

1 Tl Meersalz

### Für den Belag
800 g gewürfelte Tomaten aus der Dose oder 700 g frische Tomaten

Salz, frisch gemahlener Pfeffer

gemischte italienische Kräuter, frisch oder getrocknet

Nach Geschmack: Paprikaschoten, Chilischoten, Oliven, Kapern, Zwiebelringe, Knoblauch, Artischocken, Mais, fein geschnittene Zucchini, fein geschnittene Auberginen, Spargel, geschnittene Pilze, Spinat, geriebener veganer Käse, Birnenschnitze, Ananasscheiben, Traubenhälften

Zubereitungszeit: ca. 40 Minuten
(plus ca. 15 Minuten Ruhezeit
und ca. 10 Minuten Backzeit)
Pro Stück ca. 620 kcal/2610 kJ
17 g E · 14 g F · 105 g KH

# Feuriges Chili sin Carne

## Für 4 Portionen

150 g getrocknete Azukibohnen oder
250 g Kidneybohnen (aus der Dose)
400 g Tofu natur
5 El Olivenöl
2 rote Zwiebeln
1 rote Chilischote
1 Knoblauchzehe
200 g Tomatenmark
2 El Ahornsirup
2 El Mehl
100 ml veganer Rotwein
680 g passierte Tomaten (aus der Dose)
2 El frisch gehackter Oregano
1 Tl Chilipulver
3 Tl Salz
230 g Mais (aus der Dose)
frisch gemahlener schwarzer Pfeffer
Cayennepfeffer nach Geschmack

Zubereitungszeit: ca. 20 Minuten
(plus ca. 12 Stunden Einweichzeit
und ca. 30 Minuten Kochzeit)
Pro Portion ca. 500 kcal/2090 kJ
31 g E · 20 g F · 44 g KH

Die Azukibohnen über Nacht in etwa 300 ml Wasser einweichen. Am nächsten Tag im Einweichwasser 25–30 Minuten garen.

Den Tofu mit den Händen in feine Stückchen zerbröseln. In einer Bratpfanne das Olivenöl erhitzen und das Tofuhack 10–15 Minuten bei starker Hitze anbraten, bis es Farbe angenommen hat.

Die Zwiebeln abziehen und fein hacken. Die Chilischote längs halbieren, putzen, innen und außen waschen und in feine Ringe schneiden. Die Zwiebeln und die Chili zum Tofuhack geben und mitbraten, bis alles leicht bräunlich ist. Die Knoblauchzehe abziehen und dazupressen.

Das Tomatenmark und den Ahornsirup zugeben und kurz mitdünsten. Das Mehl darüberstreuen, alles gut mischen und mit dem Rotwein ablöschen. Die passierten Tomaten dazugeben und alles mit Oregano, Chilipulver und Salz würzen. 15 Minuten leicht köcheln lassen, dann die Bohnen und den abgespülten Mais dazugeben und alles noch einmal gut erwärmen.

Mit Pfeffer aus der Mühle und, wer's scharf mag, mit Cayennepfeffer abschmecken.

# Rahmgeschnetzeltes
## mit Champignons

Das Geschnetzelte in einer beschichteten Pfanne gut anbraten, dann beiseitestellen. Die Bandnudeln in reichlich Salzwasser al dente kochen.

In der Zwischenzeit die Zwiebel abziehen und fein würfeln. Die Margarine in einem Topf erhitzen und die Zwiebel darin anbraten.

Die Champignons abreiben, in Scheiben schneiden und dazugeben. Gemeinsam mit den Zwiebeln unter ständigem Rühren weiterrösten.

Mit dem Weißwein ablöschen. Die Sojasahne dazugeben und etwas einkochen lassen. Das Geschnetzelte hinzufügen, erwärmen und mit Zitronensaft, Salz und Pfeffer abschmecken. Sollte die Sauce zu flüssig sein, mit 1 Tl Speisestärke binden.

Die Petersilie waschen, trocken schütteln und fein hacken. Das Rahmgeschnetzelte mit den Bandnudeln servieren und mit der gehackten Petersilie bestreuen.

### Für 4 Portionen
400 g veganes Geschnetzeltes
(Lupine, Seitan o.ä.)
300-350 g Bandnudeln ohne Ei
1 große Zwiebel
40 g vegane Margarine
400 g Champignons
200 ml veganer Weißwein
300 ml Sojasahne
1 El Zitronensaft
Salz
frisch gemahlener Pfeffer
evtl. etwas Speisestärke
½ Bund frische Petersilie

Zubereitungszeit: ca. 30 Minuten
Pro Portion ca. 690 kcal/2870 kJ
38 g E · 24 g F · 70 g KH

### Tipp
Wenn Kinder mitessen, ersetzen Sie den Wein durch 1–2 El Weißweinessig und 200 ml schwache Gemüsebrühe.

# Seitan-Gulasch Surprise

## Für 4 Portionen

2 kleine Zwiebeln

3-4 Knoblauchzehen

je 1 rote und grüne Paprikaschote

2 El Olivenöl

300 g Seitan

2 El edelsüßes Paprikapulver

1 Tl Meersalz

Pfeffer

800 g gewürfelte Tomaten (aus der Dose)

250 g abgetropftes Sauerkraut

400 g Hartweizengrieß- oder Dinkelpasta

½ Bund frischer Dill

200 g veganer Sauerrahm

Zubereitungszeit: ca. 20 Minuten
(plus ca. 30 Minuten Kochzeit)
Pro Portion ca. 690 kcal/2800 kJ
35 g E · 17 g F · 91 g KH

Die Zwiebeln und die Knoblauchzehen abziehen und klein würfeln. Die Paprikaschoten längs halbieren, putzen, innen und außen waschen und in kleine Würfel schneiden. Die Zwiebeln, den Knoblauch und die Paprikaschoten in 2 El Olivenöl andünsten, bis die Zwiebeln leicht braun werden.

Den Seitan würfeln und zusammen mit dem Paprikapulver dazugeben. 2 Minuten mitdünsten. Salz, Pfeffer, die gewürfelten Tomaten mit der Flüssigkeit und das abgetropfte Sauerkraut einrühren.

Das Gulasch 25–30 Minuten halb abgedeckt köcheln lassen. Sollte es zu trocken werden, evtl. noch etwas Wasser zugeben.

Die Pasta nach Packungsanleitung in reichlich Salzwasser al dente kochen. Den Dill waschen, trocknen und fein hacken.

Vor dem Servieren 1–2 El veganen Sauerrahm unter das Gulasch rühren. Die Pasta mit dem Gulasch auf Tellern anrichten und mit je einem Klecks Sauerrahm und dem gehackten Dill servieren.

# Linsen-Kokos-Curry

## Für 4 Portionen

400 g grüne Linsen

2 kleine Zwiebeln

2 Möhren

2 El Öl

4 El Rosinen

1 Tl Kreuzkümmelsamen

2 Msp. Kurkuma

2 Tl scharfes Currypulver

1 Tl geriebener Ingwer

4 El Kokosraspel

4 ganze Kardamomkapseln

1 Spritzer Zitronensaft

Salz

Zubereitungszeit: ca. 15 Minuten
(plus ca. 12 Stunden Einweich-
und ca. 30 Minuten Kochzeit)
Pro Portion ca. 430 kcal/1790 kJ
25 g E · 10 g F · 58 g KH

Die Linsen über Nacht in der dreifachen Menge Wasser quellen lassen. Am nächsten Tag abgießen und abtropfen lassen.

Die Zwiebeln abziehen und fein hacken. Die Möhren waschen, putzen, schälen und fein würfeln. In einer Pfanne das Öl erhitzen und die Rosinen und die Kreuzkümmelsamen darin kurz rösten. Kurkuma, Curry und Zwiebeln unterrühren und andünsten. Die Möhren kurz mitdünsten. Dann Linsen, Ingwer, Kokosraspel, Kardamom und so viel Wasser zugeben, dass alles bedeckt ist. Erhitzen und auf kleiner Stufe 25–30 Minuten köcheln lassen, bis die Linsen weich sind. Das Curry mit Zitronensaft und Salz abschmecken und mit Fladenbrot servieren.

# Wunderblumenkohl

### Für 4 Portionen

1 großer Blumenkohl
1 große rote Zwiebel
150 g grüne Oliven
100 g Sultaninen
2 El Olivenöl
Salz
frisch gemahlener schwarzer Pfeffer
1½ Tl Kurkuma
1 Bund Petersilie

Zubereitungszeit: ca. 15 Minuten
(plus ca. 45 Minuten Backzeit)
Pro Portion ca. 230 kcal/940 kJ
6 g E · 11 g F · 23 g KH

Den Backofen auf 180 °C Umluft vorheizen. Den Blumenkohl putzen, waschen und in mittelgroße Röschen teilen. Die Zwiebel abziehen und in Ringe schneiden.

Den Blumenkohl zusammen mit Oliven, Sultaninen und Olivenöl in eine Auflaufform geben. Mit Salz und Pfeffer würzen. Die Kurkuma in 80 ml kochendes Wasser einrühren. Über die Mischung in der Auflaufform gießen und alles gut miteinander vermischen. Die Auflaufform mit Alufolie abdecken und den Blumenkohl je nach Größe der Röschen 30–45 Minuten backen. Nach ca. 20 Minuten die Mischung nochmals gut umrühren. Der Blumenkohl sollte noch leichten Biss haben, wenn er aus dem Ofen kommt.

Die Petersilie waschen, trocken tupfen und fein hacken. Den Blumenkohl mit der Petersilie garniert servieren.

### Tipp

Dieses Gericht schmeckt auch abgekühlt als Salat ausgezeichnet.

# Gemüsepfanne
## mit Seitan

Den Seitan in feine Streifen schneiden. Die Knoblauchzehen abziehen und durch eine Knoblauchpresse drücken. Den Knoblauch mit 2 El Öl, der Sojasauce und dem Sambal Oelek vermengen und die Seitanstreifen darin etwa 30 Minuten ziehen lassen.

Inzwischen den Reis in der doppelten Menge Wasser mit 1 Tl Salz kochen. Die Zwiebeln abziehen, halbieren und in sehr feine Streifen schneiden. Die Möhren schälen und in feine Streifen schneiden oder raspeln.

Einen Wok (alternativ eine große Bratpfanne) erhitzen und mit 2 El Öl ausschwenken. Die Zwiebeln und Möhrenstreifen darin anbraten, bis die Zwiebeln langsam braun werden. Aus dem Wok nehmen.

Den Seitan samt Marinade im Wok scharf anbraten. Das Stärkemehl mit 1–2 El kaltem Wasser anrühren. Mit der Gemüsebrühe zum Seitan geben und aufkochen lassen. Die Zwiebeln und Möhren wieder zugeben.

Die Wokmischung noch einmal ganz kurz aufkochen und mit dem gekochtem Reis servieren.

### Für 4 Portionen

300 g Seitan (oder veganes Hähnchenfilet)

3 Knoblauchzehen

4 El Rapsöl oder anderes geschmacksneutrales Öl

3 El Sojasauce

1 El Sambal Oelek

5 mittelgroße Zwiebeln

400 g Möhren

200 g Reis

1 El Stärkemehl

250 ml Gemüsebrühe

Zubereitungszeit: ca. 20 Minuten (plus ca. 30 Minuten Marinierzeit)
Pro Portion ca. 430 kcal/1820 kJ
22 g E · 13 g F · 57 g KH

# Indisches Lieblingscurry

## Für 4 Portionen

1 Zucchini

2 Möhren

2 Paprikaschoten

½ Blumenkohl

4 El Sonnenblumen- oder Kokosöl

Salz

200 g Reis (Sorte nach Belieben)

400 ml Kokosmilch

60 ml Sojasauce

60 ml Ahornsirup

3 El Currypulver

2 Knoblauchzehen

1 daumengroßes Stück Ingwer

½ Chilischote

½ Bund Koriander

2-4 Tl Maisstärke

evtl. 4 El getrocknete Cranberries und 2 fein gehackte Zwiebeln

*Zubereitungszeit: ca. 25 Minuten (plus ca. 30 Minuten Backzeit) Pro Portion ca. 470 kcal/1960 kJ 11 g E · 13 g F · 76 g KH*

Den Backofen auf 180 °C vorheizen. Zucchini, Möhren, Paprikaschoten und Blumenkohl waschen, putzen, ggfs. schälen und in Würfel, Streifen bzw. Scheiben schneiden. Mit 1–2 El Öl und 1 Tl Salz mischen und auf einem mit Backpapier ausgelegten Backblech ca. 30 Minuten im Ofen backen. Zwischendurch umrühren.

Inzwischen den Reis in der doppelten Menge Wasser mit 1 Tl Salz kochen.

Kokosmilch, 150 ml Wasser, das restliche Öl, Sojasauce, Ahornsirup, Currypulver, abgezogenen Knoblauch, geschälten Ingwer, Chilischote und Koriander im Blender oder mit dem Stabmixer pürieren. Etwas Sauce entnehmen und die Maisstärke darin anrühren. Die restliche Sauce in einer Pfanne aufkochen. Die angerührte Maisstärke daruntermischen.

Das Gemüse aus dem Ofen holen. Mit der Sauce und dem Reis servieren. Wer möchte, kann noch Cranberries und Zwiebelwürfel darüberstreuen.

### Variationen

Die Gemüsesorten können Sie nach Geschmack variieren. Lecker schmeckt es auch, wenn Sie gewürfelten Tofu oder Seitan mitbacken.

# Herbstliches Ofengemüse

Den Kürbis, die Lauchstange, den Staudensellerie, die Kartoffeln und die Zucchini putzen und waschen, die Kartoffeln schälen. Das Gemüse klein schneiden und in eine große Schüssel geben. Die Zwiebel und die Knoblauchzehen abziehen. Die Zwiebel klein schneiden, den Knoblauch fein hacken und beides zum Gemüse in die Schüssel geben.

Den Rosmarin und den Thymian waschen, trocken tupfen, die Nadeln bzw. Blättchen von den Stielen zupfen und fein hacken. Ebenfalls in die Schüssel geben. Mit Salz und Pfeffer würzen, das Olivenöl dazugeben und alles gut verrühren.

Den Backofen auf 180 °C Umluft vorheizen. Die Mischung auf zwei mit Backpapier belegte Bleche verteilen und im Ofen ca. 30 Minuten garen.

In der Zwischenzeit die Äpfel waschen, von den Kerngehäusen befreien und in kleine Schnitze schneiden. Die Schnitze zusammen mit den Oliven nach 15 Minuten auf den beiden Blechen verteilen.

Inzwischen das Mandelmus mit 230 ml Wasser und dem Zitronensaft gut vermischen und leicht salzen. Den „Mandelrahm" gleichmäßig über das Gemüse gießen und alles noch einmal 5 Minuten garen.

## Für 4 Portionen

1 kleiner Hokkaidokürbis
1 kleine Stange Lauch
½ Bund Staudensellerie
4 Kartoffeln
1 kleine Zucchini
1 Zwiebel
4 Knoblauchzehen
frischer Rosmarin und Thymian
(Menge nach Geschmack)
Salz
frisch gemahlener Pfeffer
1 El Olivenöl
2 Äpfel
12 Oliven
100 g weißes Mandelmus
Saft von ½ Zitrone

Zubereitungszeit: ca. 25 Minuten
(plus ca. 35 Minuten Backzeit)
Pro Portion ca. 260 kcal/1090 kJ
9 g E · 8 g F · 37 g KH

# Desserts, Kuchen & Gebäck

# Milchreisgratin
## mit Pflaumen

Den Backofen auf 200 °C vorheizen. Die Pflaumen halbieren, entsteinen und auf einer Seite mehrmals längs ca. 1 cm tief einschneiden.

Die Sojamilch mit dem Reis und 1 Prise Salz aufkochen. Danach die Hälfte des Zuckers oder Agavendicksafts einrühren. Nochmals kurz aufkochen, dann die Masse in eine flache, feuerfeste Form gießen.

Die Milchreismischung mit den Pflaumenhälften belegen. Dabei sollte die eingeschnittene Seite nach oben weisen.

Das Gratin im Ofen ca. 25 Minuten backen. Vor dem Servieren mit einer Mischung aus Zimt und dem restlichen Zucker oder Agavendicksaft bestreuen oder begießen.

### Für 4 Portionen

750 g Pflaumen

1 l Sojadrink

300 g Milchreis

Salz

4 El Zucker oder 2-3 El Agavendicksaft

2 Tl Zimt

Zubereitungszeit: ca. 20 Minuten
(plus ca. 25 Minuten Backzeit)
Pro Portion ca. 490 kcal/2060 kJ
15 g E · 5 g F · 94 g KH

### Variationen

Sie können das Gratin auch mit Apfel- oder Birnenschnitzen, klein geschnittenem Rhabarber oder Aprikosen zubereiten.

Der Zimt kann auch weggelassen oder durch Kakao ersetzt werden.

# Apfel-Sahne-Creme

## Für 4 Portionen

½ Vanilleschote
500 ml Apfelsaft
2 El Zucker
2 El Speisestärke
200 ml Sojasahne
1-2 P. Sahnesteif
2 Äpfel
1 Prise Zimt

Zubereitungszeit: ca. 20 Minuten
(plus ca. 30 Minuten Abkühlzeit)
Pro Portion ca. 240 kcal/940 kJ
1 g E · 9 g F · 35 g KH

Die Vanilleschote längs aufritzen und das Mark herauskratzen. Den Apfelsaft mit dem Vanillemark, der Vanilleschote und dem Zucker kurz aufkochen. Die Speisestärke in etwas Wasser anrühren. Die Vanilleschote herausnehmen und die Speisestärke zum heißen Saft geben. Mit dem Schneebesen glatt rühren. Die Masse gut abkühlen lassen. (Eine Klarsichtfolie verhindert, dass sich dabei eine Haut bildet.)

Die Sojasahne mit dem Sahnesteif steif schlagen und unter die kalte Apfelsaftmasse heben.

Die Äpfel waschen, von den Kerngehäusen befreien in Stückchen schneiden. Die Apfel-Sahne-Creme mit den Apfelstücken und einem Hauch Zimt garniert servieren.

# Erdnussbutter-Mousse

### Für 4 Portionen

250 g Seidentofu
150 g Erdnussbutter (leicht gesalzen)
2 El Ahornsirup oder Agavendicksaft
¼ Tl Vanilleextrakt
50 g dunkle vegane Schokolade

Zubereitungszeit: ca. 10 Minuten
(plus ca. 1 Stunde Kühlzeit)
Pro Portion ca. 330 kcal/1360 kJ
14 g E · 23 g F · 17 g KH

Die Flüssigkeit, die sich meist in der Packung auf dem Seidentofu bildet, abgießen. Den Seidentofu zusammen mit der Erdnussbutter, dem Ahornsirup und dem Vanilleextrakt mit dem Stabmixer pürieren. Die Masse muss fein und cremig sein.

Die Creme mindestens 1 Stunde zugedeckt im Kühlschrank kalt stellen.

Die Schokolade fein hacken. Einen Teil davon unter das Mousse rühren, mit dem anderen Teil das Mousse dekorieren.

# Marmor-Gugelhupf

Die Margarine mit den Schneebesen des Handrührers rühren, bis sich Spitzchen bilden. Ei-Ersatz für 3 Eier nach Packungsangabe anrühren oder 3 El Sojamehl mit 6 El Wasser vermischen und etwa 30 Minuten ziehen lassen.

Den Ei-Ersatz oder die Sojamehlmischung mit dem Zucker und 1 Prise Salz zu der Margarine geben und alles mit dem Mixer rühren, bis die Masse hell geworden ist.

Den Backofen auf 180 °C vorheizen. Den Vanillezucker und die Pflanzenmilch (bis auf 2 El) hinzufügen und alles gut vermischen. Dann das Mehl und das Backpulver dazugeben und unterrühren.

Eine Gugelhupfform ausfetten und die Hälfte des Teiges hineinfüllen. Das Kakaopulver und die restliche Pflanzenmilch unter die andere Hälfte rühren. Den dunklen Teig in die Form geben und mit einer Gabel durch beide Teigschichten fahren, sodass das typische Marmormuster entsteht. Den Kuchen auf der unteren Schiene 40–45 Minuten backen. Nach dem Abkühlen mit Puderzucker bestäuben.

## Für ca. 10 Stücke

125 g weiche vegane Margarine

Ei-Ersatz-Pulver für 3 Eier,
alternativ 3 El Sojamehl

125 g Zucker

1 Prise Salz

½ El Vanillezucker

160 ml Pflanzenmilch
(z. B. Soja-, Hafer- oder Reismilch)

250 g Mehl

1 El Backpulver

3-4 El ungesüßtes Kakaopulver

Fett für die Form

Puderzucker zum Bestäuben

Zubereitungszeit: ca. 15 Minuten
(plus ca. 30 Minuten Ziehzeit und
ca. 45 Minuten Backzeit)
Pro Stück ca. 260 kcal/1070 KJ
5 g E · 11 g F · 32 g KH

# Obst-
# Streuselkuchen

### Für ca. 12 Stücke

200 g vegane Margarine

150 g Rohrzucker

200 g Dinkelmehl

150 g gemahlene Mandeln

1 Tl Zimt

1 gehäufter Tl Weinsteinbackpulver

50 g gehobelte Mandeln

15-20 (je nach Größe) Pflaumen
oder Aprikosen

vegane Margarine für die Form

Puderzucker zum Bestäuben

Zubereitungszeit: ca. 20 Minuten
(plus ca. 50 Minuten Backzeit)
Pro Portion ca. 350 kcal/1440 kJ
6 g E · 23 g F · 29 g KH

Die Margarine in Würfel schneiden und mit Zucker, Mehl, gemahlenen Mandeln, Zimt und Backpulver in eine Schüssel geben. Mit einer Küchenmaschine oder einem Rührgerät zu Streuseln verkneten.

Eine Springform (24 cm Ø) mit Margarine einfetten. Drei Viertel der Streusel auf dem Boden der Springform verteilen und gut festdrücken. Die gehobelten Mandeln gleichmäßig über den Teig streuen. Den Backofen auf 180 °C vorheizen.

Die Pflaumen oder Aprikosen waschen, halbieren, entsteinen und auf der Mandelschicht verteilen. Die restlichen Streusel auf die Früchte streuen und etwas andrücken.

Den Streuselkuchen 45–50 Minuten im Ofen backen. Den abgekühlten Kuchen mit Puderzucker bestäuben.

# Schokoladiger Apfelkuchen

## Für ca. 12 Stücke

225 g Dinkelmehl

4 TL Weinsteinbackpulver

1 Prise Salz

125 g Xylit (Birkenzucker) oder Rohrzucker

4 TL stark entölter Kakao

3 große oder 4 kleine Äpfel

70 ml geschmolzene Margarine oder Rapsöl mit Buttergeschmack

Fett für die Form

*Zubereitungszeit: ca. 15 Minuten (plus ca. 30 Minuten Backzeit)*
*Pro Portion ca. 140 kcal/580 kJ*
*3 g E · 3 g F · 28 g KH*

Den Backofen auf 180 °C vorheizen. Das Mehl mit Backpulver, Salz, Xylit oder Rohrzucker und Kakao gut vermischen. 250 ml Wasser und die geschmolzene Margarine zu der Mehlmischung geben und alles gut verrühren.

Eine Springform (28 cm Ø) einfetten und den Teig hineinfüllen. Die Äpfel waschen, schälen, vom Kerngehäuse befreien, in Schnitze schneiden und in einem schönen Muster auf dem Teig verteilen. Die Früchte sinken dabei von selbst etwas ein.

Den Kuchen im Ofen 25–30 Minuten backen (nach 25 Minuten eine Stäbchenprobe machen).

## Variation

Alternativ können Birnen oder andere Früchte verwendet werden.

# Saftiger Zitronenkuchen

## Für ca. 10 Stücke

125 g weiche vegane Margarine

Ei-Ersatz-Pulver für 3 Eier,
alternativ 3 El Sojamehl

125 g Zucker

1 Prise Salz

2 unbehandelte Zitronen

150 ml Pflanzenmilch (z. B. Soja-,
Hafer- oder Reismilch)

250 g Weizen- oder Dinkelmehl

1 El Backpulver

Fett für die Form

Puderzucker für den Guss

Zubereitungszeit: ca. 15 Minuten
(plus ca. 30 Minuten Ziehzeit
und ca. 45 Minuten Backzeit)
Pro Stück ca. 240 kcal/1010 kJ
4 g E · 11 g F · 31 g KH

Die Margarine mit den Schneebesen des Handrührers rühren, bis sich Spitzchen bilden. Den Ei-Ersatz für 3 Eier nach Packungsanweisung anrühren oder 3 El Sojamehl mit 6 El Wasser vermischen und etwa 30 Minuten ziehen lassen.

Den Ei-Ersatz oder die Sojamehlmischung mit dem Zucker und dem Salz zu der Margarine geben und alles mit dem Mixer rühren, bis die Masse hell geworden ist. Den Backofen auf 160 °C vorheizen.

Die Zitronen heiß abwaschen, abtrocknen und die Schale abreiben. Zusammen mit der Pflanzenmilch hinzufügen und gut untermischen. Das Mehl und das Backpulver sieben, dazugeben und gut verrühren.

Eine Kastenform (22–25 cm) einfetten und den Teig in die Form füllen. Im Ofen 40–45 Minuten backen.

Den Kuchen aus dem Ofen holen und abkühlen lassen. Die Zitronen auspressen und mit dem Puderzucker zu einen dickflüssigen Guss mischen. Den Kuchen damit bestreichen.

# Fruchtiger Heidelbeerkuchen

Mehl und Backpulver gut miteinander vermischen. Das Salz, den Xylit oder Zucker sowie die abgeriebene Zitronenschale dazugeben. Alles gut vermengen.

Die Margarine in einem kleinen Topf schmelzen und wieder etwas abkühlen lassen. Zusammen mit der Reismilch zur Mehlmischung geben. Mit einem Rührgerät so lange rühren, bis der Teig schön gleichmäßig ist.

Den Backofen auf 180 °C vorheizen. Die Heidelbeeren waschen, trocken tupfen und unter den Teig heben. Eine Kastenform (ca. 30 cm Länge) gut einfetten und den Teig hineingeben. Den Kuchen im Ofen 55-60 Minuten backen. Nach 30 Minuten die Temperatur auf 160 °C reduzieren.

## Für ca. 12 Stücke

300 g Dinkelmehl

20 g Backpulver

1 Prise Salz

150 g Xylit (Birkenzucker) oder Rohrzucker

abgeriebene Schale von 1 unbehandelten Zitrone

90 g vegane Margarine

200 ml Reismilch

150 g Heidelbeeren

Fett für die Form

Zubereitungszeit: ca. 15 Minuten (plus ca. 1 Stunde Backzeit)
Pro Portion ca. 180 kcal/740 kJ
3 g E · 7 g F · 31 g KH

## Variation

Die Heidelbeeren können nach Belieben und Jahreszeit durch andere Beeren oder klein geschnittene Früchte ersetzt werden.

# Wunderkekse

## Für 20-25 Stück

80 g Trockenfrüchte, z. B. Pflaumen, Aprikosen oder Mangos

80 g geröstete Haselnüsse

180 g vegane Margarine

180 g brauner Zucker

180 g Weizenmehl Type 550

½ P. Vanillezucker

1 Prise Salz

abgeriebene Schale von 1 unbehandelten Zitrone

10 g Backpulver

1 El Sojadrink

Zubereitungszeit: ca. 15 Minuten (plus ca. 15 Minuten Backzeit) Pro Stück ca. 150 kcal/610 kJ 2 g E · 9 g F · 15 g KH

Die Trockenfrüchte klein würfeln. Die Haselnüsse grob hacken. Zusammen mit allen anderen Zutaten in eine Schüssel geben und zu einem Teig verrühren. Ein Backblech mit Backpapier belegen.

Den Backofen auf 180 °C vorheizen. Mit den Händen (eventuell vorher etwas anfeuchten) aus der Teigmasse tischtennisballgroße Kugeln formen, auf das Blech legen und flachdrücken. Die Kekse im vorgeheizten Backofen 10–15 Minuten backen.

# Nusshörnchen

### Für 8 Stück

½ Apfel

100 g gemahlene Haselnüsse

1½ El Zucker oder 1 El Agavendicksaft

2 El Soja- oder Hafersahne

Saft von 1 Zitrone

1 runder veganer Blätterteig
(aus dem Kühlregal)

4 El Puderzucker

Zubereitungszeit: ca. 20 Minuten
(plus ca. 15 Minuten Kühlzeit
und ca. 20 Minuten Backzeit)
Pro Portion ca. 300 kcal/1240 kJ
4 g E · 23 g F · 20 g KH

Den Apfel waschen und fein reiben. Mit den Haselnüssen, dem Zucker (oder Agavendicksaft), der Hafer- oder Sojasahne und dem Zitronensaft (1 Tl Saft für die Glasur aufheben) verrühren.

Den Blätterteig in 8 gleich große Kreissegmente (wie Tortenstücke) schneiden. Die Apfel-Nuss-Masse gleichmäßig auf den Stücken verstreichen. Die Teigstücke zur Spitze hin aufrollen, dann die seitlichen Enden leicht zusammendrücken. Die Teigspitzen mit etwas Wasser bestreichen. Damit die Hörnchen beim Backen nicht aufspringen, mit der Teigspitze nach unten auf ein mit Backpapier belegtes Blech legen. Den Backofen auf 200 °C Umluft vorheizen. Die Hörnchen 15 Minuten kühl stellen, dann ca. 20 Minuten im Ofen backen.

Für die Glasur den Puderzucker, den restlichen Zitronensaft und ½ El Wasser zu einer dickflüssigen Glasur verrühren und die abgekühlten Hörnchen damit verzieren.

# Spitzbuben
# mit Johannisbeerkonfitüre

## Für 20-25 Stück

175 g weiche vegane Margarine

80 g Puderzucker

1 Prise Salz

½ Tl Vanillemark

450 g Mehl

Johannisbeerkonfitüre zum Bestreichen

Puderzucker zum Bestreuen

Mehl für die Arbeitsfläche

Zubereitungszeit: ca. 20 Minuten
(plus ca. 1 Stunde Kühl- und
ca. 10 Minuten Backzeit)
Pro Portion ca. 140 kcal/590 kJ
2 g E · 6 g F · 19 g KH

Die weiche Margarine mit den Schneebesen des Handrührers rühren, bis sich Spitzchen bilden. Den Puderzucker, das Salz, das Vanillemark und 1–2 El Wasser zugeben und unterrühren. Das Mehl dazugeben, unterrühren und alles zu einem glatten Teig verarbeiten. Zudecken und etwa 1 Stunde im Kühlschrank ruhen lassen.

Den Teig auf einer leicht bemehlten Arbeitsfläche ca. 2 mm dick ausrollen und daraus runde Plätzchen mit gewelltem Rand (ca. 5 cm Ø) ausstechen. Aus der Hälfte der Plätzchen noch ein kleines Loch in der Mitte ausstehen. Den Backofen auf 200 °C vorheizen.

Die Plätzchen auf mit Backpapier belegte Bleche verteilen und 5–10 Minuten auf der mittleren Einschubleiste backen, sodass sie leicht braun werden.

Die Johannisbeerkonfitüre auf die umgekehrten Unterteile geben und die Deckel mit den Löchern aufsetzen. Die Spitzbuben mit Puderzucker bestäuben und kühl lagern.

# Rezeptverzeichnis

## Mengenangaben

### Löffelmengen*

| | | |
|---|---|---|
| 1 El Mehl, Backpulver, Stärke | = | 10 g |
| 1 El gehackte Nüsse | = | 10 g |
| 1 El gemahlene Nüsse | = | 5 g |
| 1 El vegane Butter | = | 10 g |
| 1 El Sojasahne/Soja-Schlagcreme | = | 10 ml |
| 1 El Kakaopulver | = | 5 g |
| 1 El Zucker | = | 15 g |
| 1 El Puderzucker | = | 10 g |
| 1 El Konfitüre | = | 15 g |

*Für 1 leicht gehäuften Esslöffel

### Sonstige

| | | |
|---|---|---|
| 1 P. Vanillezucker | = | 8 g |
| 1 P. Backpulver | = | 15 g |
| 1 P. Puddingpulver | = | 35 g |

## Abkürzungen

| | | |
|---|---|---|
| ca. | = | zirka |
| cl | = | Zentiliter |
| cm | = | Zentimeter |
| E | = | Eiweiß |
| El | = | Esslöffel |
| F | = | Fett |
| FP | = | Fertigprodukt |
| g | = | Gramm |
| i.Tr. | = | in der Trockenmasse |
| kcal | = | Kilokalorien |
| kg | = | Kilogramm |
| kJ | = | Kilojoule |
| KH | = | Kohlehydrate |
| l | = | Liter |
| ml | = | Milliliter |
| Msp. | = | Messerspitze |
| P. | = | Päckchen |
| TK | = | Tiefkühlprodukt |
| Tl | = | Teelöffel |
| Ø | = | Durchmesser |